阅

阅读成就思想……

Read to Achieve

能耗游戏

从**价格战**到
能耗战的商业未来

陈禹安 ◎ 著

中国人民大学出版社
· 北京 ·

推荐序一

傅强
北京大学创业训练营导师、智囊传媒董事长

别把你的钱和精力“耗”在客户不需要的地方

最近收到陈禹安老师一部新书稿《能耗游戏：从价格战到能耗战的商业未来》，老实说，他这么快又完成一部书稿我一点也不觉得奇怪。继他两年前出版的《玩具思维》一书之后，我的这位好友就一直在探索“改变未来商业的新范式”，有深厚心理学和管理学底蕴的陈禹安老师期望通过对“商业模式的节能化演进”的研究，从一个全新的维度——“能耗”，来破解企业（包括初创企业和大公司）商业模式创新的密码。

在陈禹安看来，大自然运行的基本原理就是节能。商业模式作为人、钱、物、信息的生态性结构，也必然是向着低能耗的方向演进的。占据优势的商业模式能够从环境体系中攫取更多的能量，创造更多的资源，提高能量使用的速度和效率，并且创造出盈余。能耗是融合了物理成本、生理成本、心理成本的全新成本概念。

近年来，我也一直在关注和研究商业模式领域的创新，基于商业逻辑、技术推动以及财务分析的占了大多数。而在陈禹安老师的这本书里，我看到了不少从这个“能耗”维度解读的实战案例，在他所归纳的“能耗最低法则”

中，只有那些在演进性比对或竞争性比对中综合能耗最低的商业模式才能成功。在他看来，市场上现有的产品或服务中所存在的高能耗环节就是开创新事业的开阔地带。商业运营中的高能耗点就是用户的痛点。消费者会自动趋向于精简需求，以实现低能耗的满足。所谓“刚需”，就是即便能耗再高，用户也不得不购买的产品或服务。除非能确保实现垄断，否则必须重视能耗最低法则。

陈禹安老师的研究和我近来所专注的精益创业领域的原则与方法不谋而合。从精益创业过程来看，起点是客户的需求，接着是发现问题，进而寻找解决方案。这一过程是不可逆的，有的创业者从现有解决方案出发，然后再到市场上找问题，这是不可行的。换句话说，一开始便从所谓的“解决方案”入手的创业者往往陷于“我会什么，你就需要什么”的思维误区，欲速则不达，在创业之路上消耗了太多的能量。在我看来，大部分初创企业的倒下，并不是因为他们没有完成预设的目标，而是客户不买账。精益创业方法的基本逻辑点就在于，避免生产没人想要的产品，造成资源浪费。

从精益创业的方法论来看，精益创业者遵循“用户探索→用户验证→用户积累→公司运营”的逻辑框架，并在用户验证和用户探索之间试错与循环；从发展原则来看，精益创业遵循最小可行化产品（MVP）和转型的原则，即用最少的人力、物力和时间去打造一个产品，并在实践中不断接受检验并做好随时改变的准备。

以上这些，又恰恰与陈禹安老师提出的“系统降耗的原则与策略”相吻合。在他看来，系统降耗的四项基本原则是：让信息在系统中得到最充分的流动；让物在系统中的移动尽可能减少；让人的非情感性活动尽可能减少；当人的活动和物的运动发生能耗竞择时，一般应该优先满足人的低能耗需求。具体的实施策略是技术创新、算法创新、模式创新、流程重构、联合补益、细节优化和顾客转移，而这又可以归纳为“规避、转移、优化”六字真言。

大道至简，一个成功的商业模式往往是简单而清晰的。而当下很多“唬人”的商业模式又往往是复杂的、烧脑的，当然也是“能耗巨大”的。在我看来，这不是什么“创新”，而是一种“掩饰”，掩饰自己没有想明白的地方，这样的商业模式缺陷（bug）会在以后的商业模式运行中不断地放大，以至于系统性地崩溃。

最后，还是让我们再次回到陈禹安老师所构建“能耗理论”的核心理念吧——整个宇宙的一切事物都由能量组成，一个物种能否存活的本质取决于它对能量的最优使用。

为此，我们或许可以从能耗理论的角度，重新定义“顾客痛点”，即商业流程中的高能耗点就是顾客痛点；重新定义“用户体验”，即产品服务的低能耗就是最好的用户体验；重新定义“竞争优势”，即最坚固的能耗壁垒就是最强大的竞争优势。

记得有位大咖曾经说过这样的话：“如果说现在对知名大企业而言，是一个黑暗时期的话，那么对于新创型企业来说，这简直就是一个黄金时代。时代赋予的机会就在这儿，我们能否抓得住？”

时代赋予了我们创新的机会，而“能耗思维”同样是一个创新的维度。只不过我们在创新思维的“能耗”往往会比“因循守旧”更高，这也许对创新的窘境不断会发生的一个解读吧。

推荐序二

万方

加拿大曼尼托巴大学艾斯博商学院终身教授、

市场营销系教授、博士生导师、

罗斯·约翰逊研究员

企业如人生修行，是一项能量平衡的系统工程

2017年11月,我在上海龙之梦酒店,听闺蜜的推荐,下载了“饿了么”App,不到30分钟，外卖小哥送来了南瓜粥和精致的小菜，让生病的我有了回家的温暖。在朋友圈，我开玩笑地写“饿了么？到家了。”11月13号我在成都，因离出行还有10个小时，来不及网购，我的学生跑到商场帮我买特大软装旅行袋，她惊恐地打电话给我：“老师！我不敢相信，整个5层楼的商场上个月还在,现在全关了！！！”这是在马云的“双十一”疯狂网购节的第二天，“双十一”中国剁手党的淘宝消费总量是美国人圣诞节季度购物的三倍。中国的变化和节奏，被O2O洗礼的商业模式和商业形态让人晕眩。东西穿越的我，有些看不懂了。

禹安老师的这本《能耗游戏》是非常及时的。他就是这样的一位观察家，置身在时代和商业的最前沿，有速度、有品质地把他的洞见转化成知识和框

架，给予我们认知工具，可以更清楚地洞见这个商业世界。从温哥华到上海的飞机上，这本书我一口气读完了。我最深刻的感受是，生命的持续是精彩的前提；持续的生命需要对能量系统精密的设计执行和不断优化。这样的新知适用于变化多端的企业商战，尤其在O2O的今天；也适于理解我们现代人的存在和修行，因为我们置身在速度和激流里。

能量消耗是这本书的核心。禹安认为，成本就是能量消耗。在传统的竞争，价格成本至上，我想这是因为价格金钱成本可视，所以容易关注。而在今天的商战里，禹安把客户体验的成本重新定义为六个能量维度（价格、时间、空间、安全、学习和关联）的消耗。这样的视角是新锐的，也是深刻的。互联网+的商业模式改变了消费者的体验系统，比如商品信息的萃取成本、与商家沟通成本、交通获取商品成本、与其他消费者链接成本，在今天都近乎为零。手机的移动端变成消费者和商网的中枢。消费者和商家建立联系和关系的场景彻底改变！在这样的商业系统下，其他不可视的成本比如时间成本，认知成本就变得尤为重要。在我来看，《能耗游戏》这本书就是要教会企业家用另外一种思考模式来应对这一新的商战环境。

在《能耗游戏》这本书里，能量消耗是考量一切的主轴。客户的最终体验是起点，而他们做出购买决定和使用的过程就是多维度能耗的过程。作为商家，谁能提供最低能耗的产品和体验，谁就能制胜。谁有能耗优势，如价格能耗优势、空间时间能耗优势、认知能耗优势，谁就拥有客户。

如果设计保持最低能耗的客户体验是前台，而后台也需要企业家用能耗的思维来设计评估自己的商业系统。企业自身的能量系统怎样设计也是书中论述的课题。在O2O的商业环境下，商家需要有安全、可靠、快速执行的物流系统（保证客户时间能耗最低、空间能耗最低、认知能耗最低），有优质的后台大数据计算方法（培育客户信任和减低客户时间搜索能耗），有创新的设计和模式（满足客户的好奇心和继续优化体验的能量消耗）。而能量是否平衡就变成商家对自己的审计工具，让定时、定期审视和调整自己的系统成为可能。

毕竟，生命是精彩的前提。于企业，生命就是持续的盈利、能量的平衡。无论怎样美好的愿景，马拉松的枪一响，第一公里怎样的飞速，最终在第 42 公里，你是否还在那里？你在竞赛的第几位？你以何种能量态势存在？赛后你能否继续奔跑？做企业如人生修行。至简的背后是精密的设计、智能的执行、能量平衡的系统工程。

林林总总，目不暇接的战略和形态，哪种能够持续？谁能够更持久？为什么马云给阿里做了百年存在的倒计时？禹安的新作是对这些问题广博和深刻的探索。我也看到了他跨学科的穿越和中西融通的交汇能力。

2017 年 12 月 18 日于加拿大

前 言

从价格战到能耗战

商业是一场永无止休的游戏。

谁能赢得这场游戏，如何才能赢得这场游戏，一直是无数商界精英和学术精英苦苦思考的问题。

此前，商业的本质可以视为价格战，那些能够用最低价格提供同等品质的产品或服务的企业将获得胜利。但是，当商业进入了以富足为重要特征的互联网时代，需要考量的就不仅仅是价格这个因素了。

当你饥肠辘辘之际，总算买到了一盒便当，却怎么也撕不开塑料封膜的时候，决定你体验感的绝不是价格；

当你给孩子购买了剪纸绘本，却要在家里到处寻找剪刀的时候，决定你体验感的绝不是价格；

当你躺在床上动动手指就能买到自己想要的东西，你再也不愿意走进超市商品丛林的时候，决定你体验感的绝不是价格。

爱因斯坦的质能方程式 $E=mc^2$ 表明，一切物质的本质都是能量。能量是万事万物的本性，是生命的核心，是一切事物运行的根本动力。

整个宇宙的一切事物都由能量组成，一个物种能否存活的本质取决于它对能量能否最优使用。商业模式作为由人、钱、物、信息四大要素组成的生态性结构，又何尝能够例外?

追求低能耗以满足自身的需求，是人的本能，乃至一切生物的本能。价格仅仅是能耗的一个组成部分，而非全部。

能耗是物理成本、生理成本、心理成本的综合。而价格最多只是涵盖了物理成本以及部分的生理成本。但是，互联网时代的消费者偏好已经发生了颠覆性的变化，很多时候，他们更加注重自己的心理付出及心理感受。打得赢价格战的企业，未必就能赢得顾客的欢心。

价格战只是一个机械逻辑，能耗战却是一个生命逻辑!

黏液菌（slime mold）是一种只有在显微镜下才能看到的微生物，实际上它是一种无脑的胶状变形虫。但是，这种几乎是最低等级的生物，却表现了出令人震撼的智能。

科学家在地球仪上陆地的部分敷上了一层琼脂，并在 24 座城市所在的位置放上燕麦片，然后把黏液菌放在地球仪上。经过 30 多次的重复试验，科学家发现，黏液菌选择的食物传送路线和现实中人类的选择有着惊人的重合。特别是在亚洲区域，黏液菌的路线竟然与中国古代的丝绸之路高度相似。

这应该是最节省能耗的选择了。

更令人惊奇的是，如果将其中的一个食物源拿掉，黏液菌会将整个食物网络根据能耗最优化的原则重新排布。

为什么显然不具备我们通常意义上所称的“智能”的黏液菌，竟然会具有这种按照能耗最优化的方式模拟人造运输网络的能力呢?

为什么号称万物之灵的人类，却会经常迷失在极其耗能的商业争斗之中而不能自拔呢？

也许，一直以来，我们严重高估了自己的智能和智慧了。此时此刻，我们必须戴上能耗论的眼镜再来重新看待商业，理解商业：

· 屏幕上只有一个按钮的苹果智能手机 iPhone 已经后发制人，称霸天下；

· 一键打车的优步（Uber）已经无中生有，独步江湖；

· 消解时空桎梏的移动互联网已经横空出世，改变世界。

是时候该让商业从价格战中跳出来了！

我们应该从能耗理论的角度，重新定义“顾客痛点”——商业流程中的高能耗点就是顾客痛点；

我们应该从能耗理论的角度，重新定义“用户体验”——产品服务的低能耗就是最好的用户体验；

我们应该从能耗理论的角度，重新定义“竞争优势”——最坚固的能耗壁垒就是最强大的竞争优势。

整个宇宙的一切事物都由能量组成，一个物种能否存活的本质取决于它对能量能否最优使用。这句话就是本书所构建的“能耗理论”所赖以立基的核心理念！

但是，商业模式要想实现对能量的最优使用，却并不容易。这首先是因为人们还未从这个角度来认知与思考，更谈不上行动与检视了。

这几年，飘过了一系列很炫酷的商业新名词，诸如互联网+、O2O、共享经济、直播、网红、VR等。在这背后，是数以亿元计的风险资金血本无归，是数以万计的创业精英的徒劳无功！多少公司喧嚣一时，却亏损累累；多少公司骤然兴起，却轰然倒地！

从能耗的角度来看，这是对社会资源的惊人浪费。为什么这么多的公司不能长久地生存、持续地成功呢？

显然，无论是对一个组织还是一段关系，人们一开始的时候都希望能够天长地久，但往往不能如愿。到底要怎样，才能天长地久呢？

中国的传统智慧给人的启发很大。老子在《道德经》里说："天长地久。天地所以能长且久者，以其不自生，故能长生。是以圣人后其身而身先，外其身而身存。"

天地之所以能够长久存在，是因为它并不是为自己而存在，所以它就能够长生。因此，圣人把自己的利益置于众人之后，他的所得反而先于众人；他总是将自己置之度外，其自身反而得到保全。

如果将天地和圣人作为企业的楷模，这就意味着企业必须优先以客户的利益为重，而不能先考虑自身的利益。与此对应的是"能耗最低法则"：

只有那些在演进性比对或竞争性比对中综合能耗最低的商业模式才能成功。

这是站在消费者立场上而言的，是针对他们在了解、购买、使用产品或服务时的综合能耗而言的。综合能耗低的商业模式必定取代综合能耗高的商业模式。比如，21 世纪 90 年代，当 MP3 出现的时候，美国各大唱片公司依然固守自己的利益，仍坚持一张唱片专辑卖 20 美元，但用户已经不愿意为专辑上喜欢的那一两首歌而为所有曲目买单。后来，即便版权意识很强的美国年轻人也开始在网上动动鼠标免费下载喜欢的单曲，再也不愿意跑到音像店付钱当冤大头了。但是，唱片公司除了发动法律诉讼攻击提供下载源的海盗网站之外，压根儿就没想过要用唱片定制、送货上门等方式来满足顾客对效率和个性化的渴望。最终，美国整个唱片行业的规模在苹果公司推出了 iTunes 遽降至一半，再也恢复不了昔日的荣光。

《道德经》里还说："故飘风不终朝，骤雨不终日。""企者不立，跨者不行。"

狂风刮不了一早晨，暴雨下不了一整天。踮起脚跟站不稳，超常迈大步走不成。与此对应的是"能耗平衡法则"：

只有能量输入和输出之间保持大于等于零的顺差，企业才能说是取得了持续性的成功。

这是站在企业立场而言的。入不敷出，盲目烧钱的商业模式即便喧嚣一时，也绝没有持续成功的可能。比如，滴滴和优步在中国烧掉了数十亿元人民币的风险资金，最后不得不合并了事。但合并之后还是问题多多，难言盈利。可见，靠烧钱砸市场，无异于暴风骤雨，踮脚尖迈大步，急于求成，但往往是站不稳，走不成。可是，当共享单车成为创业寒潮中的唯一亮点后，一大批风险资本再次蜂拥而上。一位最早投中了滴滴而成名的投资人出手之后，甚至说："共享单车在 90 天内结束战斗。"这未免过于托大了。归根究底，还是没有明白能耗平衡的极端重要性。

而且，根据系统内的各个要素是密切相关，相互影响的普遍共识，我们还可以得出"能耗联动法则"：

商业模式生态结构中的各类能耗存在联动效应，某一类能耗的变动会引发其他能耗的不同向度的变动。

能耗联动法则、能耗最低法则、能耗平衡法则这"三大法则"就是"能耗理论"的关键内容。

从上述论述来看，"能耗理论"显然是西方现代科学理论和中国传统智慧的有机结合。

在本书中，我将商业模式的能耗分为时间能耗、空间能耗、价格能耗、学习能耗、安全能耗和关联能耗六大因子，并通过泛量化的方式设计了六维度的能耗分析模型，还利用三角函数推导出了能耗计算的数学公式，可供使用者直观地画成图表，并用公式计算出综合能耗的数值，极大地方便了相对性的衡量比对。

为了有助于能耗理论的实践应用，本书给出了商业模式系统性降低能耗的四项基本原则及七大策略。同时，凡事必有例外。本书还特别给出了由“好奇心”“好胜心”“好善心”所驱动的能耗悖论，以与能耗理论呼应，形成矛盾的统一。

在即将写完这本书的时候，看到了一篇题为《德国工程师总结中国制造企业的151种浪费》的文章在朋友圈里大肆传播，心情不免复杂。

一方面是痛心于中国企业普遍性的高能耗运营带来的触目惊心的浪费（并不仅仅是制造企业），另一方面则寄希望于这本《能耗游戏：从价格战到能耗战的商业未来》能够帮助中国企业树立以“能耗”为核心的战略理念，破局而出，以节能的方式设计、构建并优化运营自己的商业模式，最终成为商业游戏的大赢家。

未来的经济必须是“易经济”（Easenomics），商业的一切必须变得简易、容易、便易。这其实也是我们对生命的要求。让我们把商业视同生命，或者把生命视同商业。

希望这本书能够掀起一场关于商业的能耗革命，推动企业以降“能耗”为核心来重塑自己的商业模式，从而赢得已经到来的未来之战。

未来的商业竞争必将从价格战走向能耗战。

这就是我所理解的企业的未来、商业的未来以及生命的未来。

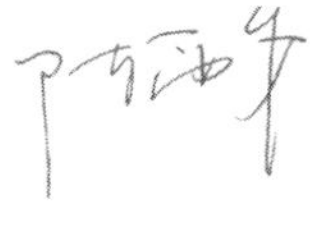

目 录

导出的能耗计算数学公式，可以用图表和数值两种方式来衡量比对不同商业模式的综合能耗。这是“能耗论”最具开创性的理论与实践的双重价值。

只有那些在演进性比对或竞争性比对中综合能耗最低的商业模式才能成功。市场上现有的产品或服务中所存在的高能耗环节就是开创新事业的开阔地带。商业运营中的高能耗点就是用户的痛点。消费者会自动趋向于精简需求，以实现低能耗的满足。所谓“刚需”，就是即便能耗再高，用户也不得不购买的产品或服务。除非能确保实现垄断，否则必须重视能耗最低法则。

04 能耗平衡法则 · 133

只有能量输入和输出之间保持大于等于零的顺差，企业才能说是取得了持续性的成功。能耗平衡是任何一个商业模式的立身之本，其重要性无论怎么强调都不过分。价格能耗趋零之后的调升很难再保持对用户的黏性，必然会导致用户大量流失。一个商业模式在环境体系中的生存，是根据它对所处环境具有的影响和意义来决定的。当某个商业模式对生态有害无益，环境体系自有消灭它的方式出现。

05 系统降耗：原则与策略 · 167

系统降耗的四项基本原则是：让信息在系统中得到最充分的流动；让物在系统中的移动尽可能减少；让人的非情感性活动尽可能减少；当人的活动和物的运动发生能耗竞择时，一般应该优先满足人的低能耗需求。具体的实施策略是技术创新、算法创新、模式创新、流程重构、联合补益、细节优化和顾客转移，而这又可以归纳为“规避、转移、优化”六字真言。

能耗悖论是指当某一产品或服务的综合能耗非常高的时候，消费者仍然愿意承担高能耗来获得这一产品或服务。这是因为消费者在情感性活动中所获得的情感价值对冲抵消了他所付出的超大能耗。当消费者基于“本我”的好奇心、基于“自我”的好胜心、基于“超我”的好善心被激发出来之后，能耗高就不在话下了，消费者会不惜代价地去追求“有意思”和“有意义”的满足。

商业模式的能耗优化，并不是一项静止的工作，而是一个由识别（Recognize）、分析（Research）、矫正（Rectify）、完善（Refine）组成的不间断的 4 R 循环过程。未来的商业竞争必将从价格战走向能耗战。未来商业战场上的胜利者，必然属于能耗战的胜利者。

01 商业模式的节能化演进

大自然运行的基本原理就是节能。商业模式作为人、钱、物、信息的生态性结构，也必然是向着低能耗的方向演进的。占据优势的商业模式能够从环境体系中攫取更多的能量，创造更多的资源，提高能量使用的速度和效率，并且创造出盈余。能耗是融合了物理成本、生理成本、心理成本的全新成本概念。

什么样的商业模式能够成功？

什么样的商业模式能够持续成功？

这两个问题应该是自商业出现以来最为核心、最为本质的问题。谁要是掌握了这两个问题的答案，就等同于掌握了商业运营的万能金钥匙，无往而不胜。

那么，谁能告诉我们这两个问题的答案呢？

是彼得・德鲁克、迈克尔・波特、罗纳德・科斯这样的商业思想家，还是史蒂夫・乔布斯、比尔・盖茨、马克・扎克伯格这样的商界骄子呢？

这些鼎鼎大名的人物，基于各自的理论架构或实践体悟给出了答案，也给了我们很多有益的启示。但是，正如历史从来都是螺旋式上升的，人类对于事物的认知也是不断前进的。这些影响力人物的答案也并不是永远正确无误的。本书试图站在这几位巨人的肩膀之上，从一个全新的角度，来探索这两个事关商业成败的核心问题。

压舱石、iPhone 与避孕套

400 多年前，当荷兰东印度公司（Vereenig de Oostindische Compagnie，VOC）的商船怀着对古老东方的独特物产（香料、丝绸、瓷器等）的渴望与贪婪，驶向茫茫的大海时，它们不得不面对一个严峻的现实。它们既没有蒸汽动力，也没有电力，只能依靠风帆的力量，来远渡重洋。

显然，这是成本极其高昂的航行。每一艘商船的载货空间都是有限的，如果不能价值最大化地利用商船的每一寸载货空间，东印度公司就有可能血本无归。但是，商船始终无法削减的一项巨大的空间成本就是压舱石。

对远洋航行有所了解的人知道，航船在空载状态时是最危险的。因为吃水量小，船的重心高于水面，稍有风浪，就容易倾覆。这就需要在船舱里装上大量的压舱石，以增加空船的重量和吃水深度，降低重心。

这样做解决了空船出发时的安全问题。但问题并未得到彻底解决。当东印度公司的商船完成了远洋贸易（后来逐渐演变为赤裸裸的掠夺），准备回程时，为了装载更多的货物，原来发挥过安全保障作用，但也占据了大量空间的压舱石就只能弃之不用了。

可是，这带来了惊人的浪费。压舱石需要相当的置备成本，如果只是一次性使用，岂不是暴殄天物？而更重要的是，就算价格十分便宜，但要找到数量需求巨大，匹配适用的石头也并不那么容易，需要耗费大量的时间与精力。

东印度公司是世界历史上第一家特大型公司、第一家跨国公司，也是第一家发行股票的公司。在商言商，追求投入的最大回报，自然是它们所朝思暮想的。

现代的远洋航行依然面临这个问题。不过，现在的国际贸易发达，货物调度技术先进，远洋货轮一般不太会出现空船行驶的状况。而且，压舱石也不再用石头制作，而是用铸铁制造成统一的形制，全世界内流转使用。这就比较经济地解决问题了。

但是在 17 世纪，大航海时代刚刚启幕，东印度公司作为先行者，不得不受限于时代与技术。后来，东印度公司终于找到了一个堪称完美的解决方案。他们发现，东方人习惯于用黏土烧制的砖头垒墙构筑房子。这给了他们极大的启示。他们回到荷兰后，找到黏土，烧制成砖，当作商船的压舱石，从而达到了一箭双雕的双倍回报。

首先，商船出发时的安全依然有保障。其次，商船宝贵的空间不再被浪费。那些替代了压舱石的黏土砖在抵达东方后，以不错的价格卖给了当地人，资金回笼，从而可以换回更多的香料、丝绸或瓷器。

2012 年 1 月 22 日，《纽约时报》刊发了一篇题为《iPhone 为何在中国而不是在美国制造》（*Why is the iPhone made in China and not America?*）的文章。美国前总统奥巴马曾经当面询问过时任苹果公司 CEO 的史蒂夫 • 乔布斯这个问题。在《纽约时报》的这篇文章中，曾在苹果公司任职的珍妮弗•芮格妮（Jennifer Rigoni）在接受采访时说："富士康（苹果手机的生产商）可以在一夜之间雇来 3000 人。哪家美国工厂能在一夜之间雇来 3000 人，并说服他们住进厂区的宿舍呢？"

另一位苹果前高管则说："整条供应链如今都在中国。需要 1000 个橡胶垫圈吗？隔壁就有这样一家工厂。需要 100 万颗螺丝钉吗？厂子就在一个街区之外。需要对螺丝钉做一点小小的改动吗？三个小时就可以办到。"

对于苹果公司来说，生产 iPhone 手机需要 20 万名装配线工人，同时需要 8000 多名技术工程师负责指导与监督。要想在美国找到这么多的合格技术工程师，可能需要长达 9 个月的时间，而在中国，只要 15 天的时间就可以完成了。

所以，对于奥巴马这个咄咄逼人的问题，性格直率的乔布斯当时的回答是："我们永远也不可能在美国生产手机了。"

2016 年 11 月，在新一届美国总统竞选中获胜的唐纳德 • 特朗普也公开宣称要将制造业搬回美国，从而为美国创造更多的就业机会。他直接对现任苹果公司CEO蒂姆·库克（Tim Cook）提出了远比他的前任奥巴马更为直接而强硬的要求。

但是库克真的能如特朗普所愿，将苹果的生产线从中国搬回美国吗？

目前，苹果公司在全球有18家总装工厂，其中有14家在中国，仅有2家在美国；苹果公司在全球有766家零部件供应商，其中346家在中国，仅有69家在美国本土。如果苹果公司将生产线搬回美国，必然面临着零部件大量从中国进口的严峻现实。据估测，这样做，每台iPhone的成本将至少增加100美元。

如果要在上述两个故事中寻找事关商业成败的共同要素，很多人也许立即会在脑海中跳出“成本”这个词。

确实，任何一个商业模式，如果无法超越成本的制约，都是不可能成功的。如果东印度公司始终要承担压舱石的成本，如果iPhone必须搬回美国生产，那么，它们要么提高商品的价格，要么就只能承受微利，甚至是亏损的结局。而提高售价则意味着将更多的消费者拒之门外，影响的还是自己的销量。可见，成本控制的确是商业模式成败的关键要素。

这样的例子不胜枚举。

比如，Facebook在创立初期，囿于资金匮乏，租不起太多的服务器，只能严格限制用户数量的增长。这显然是顾及自身的运营成本的无奈之举。又如，在操作系统软件市场上呼风唤雨的微软公司曾经一度无视互联网的崛起，直到网景公司（Netscape）推出的Navigator上网浏览器独领风骚，比尔·盖茨这才如梦方醒，立即下令开发出Explorer浏览器，并不惜冒反垄断诉讼的风险，与Windows操作系统捆绑，免费销售，一下子极大地推高了网景获取用户的成本，从而虎口夺食，击溃了已成规模的网景。

结合上述几个案例做一个总结的话，商业模式成本的关键就在于要么降低自己的成本，要么增加对手的成本。

但是，如果我们再来看一个故事，答案也许就不一定是“成本”了。

对于中国人来说，避孕套似乎是一个有点令人难以启齿的产品，在很长一段时期内难登大雅之堂。不过，随着90后用户的崛起，他们已经不像传统的中国人那样忌讳与性相关的话题了。当然，对于避孕套有需求的并不仅仅是90后用户。

避孕套的市场长期以来被杜蕾斯、冈本这些知名品牌强势占据。特别是杜蕾斯，其擅长运用“玩具思维”开展诸多营销秀，经常在热点社会事件发生时，第一时间借势借力，推出非常好玩而巧妙的推广活动，牢牢黏住了消费者的注意力。

在这样的市场格局下，后来者要想有所突破，是很有难度的。但是，一款名叫“大象”的安全套却异军突起，撕开了一片新天地。

“大象”是如何成功的呢？

据说，“大象”的创始人曾经接到过一位兄弟的“感恩”电话：

做了好久的云备胎，好不容易转正，终于有机会和女神亲密接触！为了以防万一，身上带了大象和其他品牌的传统安全套。结果在黑暗中两款产品有着巨大差别：由于紧张手滑导致长时间无法撕开传统安全套的小包装，而换成大象时只需要一只手使劲捏就成功打开，甚至还自动分正反面……[①]

这个故事听上去“宣传味儿”很浓，真实度有待鉴别，但其透露的细节倒也可以帮助我们探询“大象”的成功之道。因为这寥寥数语点出了一个最

① 资料来源：http://bschool.hexun.com/2015-04-09/174799718.html。

关键的要素。

传统的安全套的包装一般都是几个连成一串的，撕下一个之后，还需要用双手再撕一次小包装才能使用。大象安全套则是一个一个的独立包装，而且，还可以单手轻松打开。同时，传统的避孕套仓促间很难分清正反，往往对使用者造成困扰。这又成就了“大象”的另一个独特卖点——大象安全套捏开之后，会自动分出正反。

“大象”避孕套在撕开使用上的便利性，显然是其撕开市场缺口的重要支撑。但是，这一商业模式的成功，却不能像前述的几个案例那样简单地和“成本”挂上钩。因为，与其说大象关心自己的成本，不如说它更关心用户的体验。如果一定要用“成本”来说事，那么，大象模式优先考虑的不是企业的供给成本，而是用户的消费成本。

这个消费成本显然不是通常意义上的价格成本，它明显超越了可以用金钱量化衡量的范畴。

避孕套这个敏感话题，恰好激发了我们对商业演化观察上的敏感性。我们该如何来理解顾客的消费成本及其对商业模式成败的影响呢？

传统成本论的缺陷

成本确实是关乎企业及其商业模式成败的关键。对此，德鲁克、波特、科斯等思想巨擘都给出了各自的论述。

现代管理学的开创者、商业思想家彼得·德鲁克说：“企业家就是做两件事，一是营销，二是削减成本，其他都可以不做。”从这句话可以看出，德鲁克把“成本”放到了何等重要的位置！

在《永恒的成本控制》（*Permanent Cost Control*）这本书中，德鲁克还特意举例说：

在20世纪70和80年代，花旗银行成为全球唯一成功的跨国银行，仍是我所知道的最佳案例。它成功的秘诀在于，事先周密地考虑在新的投资领域中合理的前期投资额，考虑在新的投资地区最少而且应该能够取得的收益。花旗银行通常会自问："如果我们在新的投资对象国取得成功并成为市场的领军人物，我们将会有多少营业额？鉴于合理的前期投资不能超过未来收益的某一比例，我们投入多大的前期投资才是合理的？"之后，花旗银行凭借其丰富的经验，判断出新设的分支机构何时才会达到损益平衡，即何时将会开始盈利。

在德鲁克看来，花旗银行正是靠量入为出的成本控制思路使得它成为当时唯一成功的跨国运营银行。

哈佛商学院教授、全球商界公认的"竞争战略之父"迈克尔·波特对"成本"的重视程度丝毫不亚于德鲁克。

在他享誉全球的著作《竞争战略》（*Competitive Strategy: Techniques for Analyzing Industries and Competitors*）中，波特提出了可供企业选择的三种基本战略。分别是：

1. 总成本领先战略；
2. 差异化战略；
3. 专一化战略。

就广义而言，这三种战略都和成本有关。总成本领先战略，仅从字面来看就已不言自明了。而差异化战略则是不惜成本投入，以营造出产品或服务的差异性。专一化战略则是在资源有限的前提下，只针对某一特殊的顾客群体、某一产品品类的某个细分区段或地域上的某一细分市场。专一化战略在面对细分市场时，既可以采用总成本领先战略，也可以使用差异化战略。这三大战略也从另一个侧面，再次验证了“成本”之于商业抉择、商业成败的极端重要性。

波特将总成本领先战略列为企业的第一选择，并非信手之举，而是源自深刻的洞察。企业如果选择实施总成本领先这一战略，就要对成本管控给予高度的重视，建立高效的、规模化的生产线，最大限度地减小研究研发、广告、销售、售后服务等环节的成本费用。当公司成本相对于竞争对手较低时，就意味着拥有了成本优势，当别的公司在竞争过程中失去利润时，这家公司依然可以盈利。

波特的这一战略思想对全球企业的竞争战略选择影响深远。所谓商场如战场，全球各地、各行各业的价格战屡见不鲜，就是基于总成本领先战略的引领。甚至很多商战案例，看似和价格战没有什么关系，或者被包装成更为高大上的说法，但究其实质，还是与严格的成本控制脱不了干系。比如，小米智能手机一战成名，宣称为“发烧友”而生产，但本质上还是价格战，用比同等配置的竞争手机低 30% 左右的价格（近乎于物料价）出售，从而借势于行业的迅猛上升，成就了其指数级的成长。

我们再来看 1991 年诺贝尔经济学奖获得者、新制度经济学的鼻祖、芝加哥经济学派代表人物之一的罗纳德·科斯是如何论述成本的。

科斯于 1937 年出版的《企业的性质》（*The Nature of the Firm*）一书中，明确指出：

企业存在的目的就在于实现交易成本的最小化。

科斯所称的“交易成本”，是指在一定的社会关系中，人们自愿交往、彼此合作达成交易所支付的成本，包括讨价还价、订立和执行合同的费用以及时间成本等。科斯认为，当市场的交易成本高于企业内部的管理协调成本时，企业便产生了，企业的存在正是为了节约市场交易费用，即用费用较低的企业内部交易代替费用较高的外部市场交易。这无疑是说，企业是市场为了节省总体成本而出现的一种资源配置方式。

德鲁克、波特、科斯分别从不同的角度论述了成本以及成本控制对于企业的重要性。同时，我们也认识到，任何企业都是通过某一种或某几种商业模式来完成自身的使命与目标的。因此，在某种程度上，我们可以得出这样的结论：

企业就是商业模式，商业模式就是企业。

这是针对单一商业模式的企业而言的。如果一家大型企业集团有多个商业模式，那么这个结论也可以扩延为：

企业就是商业模式的总和。

或者说：

商业模式的总和就是企业。

这一结论贯穿于本书。也就是说企业与商业模式这两个词在本书中是可以相互替换的。那么，企业的成败离不开对成本的控制，也就等同于商业模式的成败离不开对成本的控制。

上述三位大师级商业思想家的论述，我们可以称之为传统的成本论。但是，在当前的时代大背景下，细观这些论述，却不难发现两个重要的缺陷。

其一，传统的成本论是以企业为中心的，而我们当下需要的是以顾客为中心的新的成本论。

德鲁克、波特、科斯相关论述的主语要么是企业，要么是企业家。显然这是以企业为中心的成本论，是企业立场的成本论。这曾经是与时代特质完全匹配的。权力曾经集中在企业手中，顾客是被动的，成本论自然要以企业为中心的。但是，这样的成本论在当下已经失去了立身之本。

在互联网、移动互联网日渐成为社会生活的主流配置后，社会运行的权力也随之从庞大组织转移到了数以亿万计的个体手中。这些个体（消费者）的消费权力意识逐渐觉醒，并通过互联网联合起来，发表自己的观点与评价，参与到企业生产、公司运营的各个环节中去，日渐成为拥有充分话语权的主宰者。

当企业失去了曾经十分强大的话语权后，企业立场的成本论自然也不得不让位于顾客立场的成本论。

其二，传统的成本论仅仅考虑价格成本，过于片面。当下的时代需要更为全面的成本结构。

价格是一个最容易量化比较的指标，但是，以顾客为中心的成本考量就不能仅仅关注顾客为某个产品支付了多少钱，还应该考虑顾客为了买到这个商品走了多少路、等了多长时间，在使用的时候，又付出了什么样的心力，等等。这些因素涉及生理层面与心理层面，比较难以量化，但却是拥有了权力的顾客极为看重（如果不是更为看重的话）的购买促动因素。

为了具象地加以思考，我们不妨闪回到大象牌避孕套的使用场景。在那个特殊时刻，用户体会到的便利感，相较于竞争品牌，等于节省了多少的消费成本？

德鲁克和波特论述的视野，明显只停留在企业一侧的价格成本。而在科斯的论述中，交易成本不仅限于价格，似乎已经将（企业的）时间、精力上的成本考虑了进去，但他依然没有虑及顾客一侧的使用成本。

当然，我们也应该看到，传统的成本论的缺陷属于时代的缺陷，并不会掩盖三位大师的思想的智慧光芒。

互联网的繁盛、消费者的掌权是人类社会进入21世纪近十几年的事情，而德鲁克（1909–2005）出生于1909年，科斯（1910–2013）比他晚一年出生。三人中最年轻的波特也出生于1947年，已年满70岁。作为出生于20世纪初或前期的精英人物，他们已经具有极大的预见力而给了我们很多正确的指引。但是，我们并不能苛求他们在盛年之际提出的论述，依然能够完全贴合全新时代的要求。在他们奋力观察研究的时代，根本就没有互联网的存在，消费者也几乎没有任何话语权。所以，我们不能苛求他们超越时代的限制而给出万世不替的真理。构建全新的成本论，其实是历史赋予年轻一代的商业思想家的重任，我们应该勇敢地承担起来。

密码、《纸牌屋》与文印店

全新的成本论必须建立在基于顾客立场更全面的成本概念之上。那么，更全面的成本概念到底包含哪些要素呢？

要回答这个问题，首先就得在整体意义上，透彻地了解并理解消费者的思维特质、行为模式、情感偏好，然后再兼顾不同消费场景下的个体差异。更进一步，我们应该摆脱商业的机械性束缚，从一个真实的人的角度来了解并理解顾客。因为，顾客首先是人，接下来才可能是顾客。

下面让我们从一个非常有意思的角度切入。

密码曾经是军方或特情人员的专属工具。但是，随着商业信用的发达以及互联网应用日渐渗透到人们的日常生活中，密码已经与普罗大众的生活息息相关、密不可分了。为了确保自己的个人隐私、资金安全，人们对于密码的重视程度不言自明。

但是，人们真的重视密码以及赖恃密码保护的个人隐私和金融资产吗？

2011年11月22日，国内的信息安全服务商瑞星公司公布了中国网民十大最常用的密码，分别是：

abc123、123456、xiaoming、12345678、iloveyou、admin、qq123456、taobao、root、wang1234。

国内另一家网络安全公司360也同时公布了国内网民常用的25个“弱密码”，分别是：

000000、111111、11111111、112233、123123、123321、123456、12345678、654321、666666、888888、abcdef、abcabc、abc123、a1b2c3、aaa111、123qwe、qwerty、qweasd、admin、password、p@ssword、passwd、iloveyou、5201314。

如此简单的密码，很容易被黑客破解，但却得到了最广泛的应用，这将会给用户带来多大的安全风险？

瑞星公司的安全专家还发现，至少有75%以上的用户不会主动改变默认的密码，比如当申请ADSL密码重置、手机密码重置之后，很多人选择把系统给的密码记在小本上，而不是自己去设定一个专有的密码，这也导致像admin、root、administrator这样的系统默认密码被广泛应用。

从360公司公布的弱密码组成来看，中国网民最为偏爱简单的数字组合。诸如“666666”和“888888”这样的吉利数，几乎是所有中国黑客密码字典中的必备选项，而“5201314”（我爱你一生一世）这样一个被寄予了浓厚情感色彩的密码，简直可以称为最富中国特色的“弱密码”。

分析这些常用的“弱密码”，主要包括简单数字组合、顺序字符组合、临近字符组合以及特殊含义组合等四大类别。而从密码位数来看，中国网民更习惯设置系统所要求的最少6位的字符密码，在前25个中竟有18个是6位字符，所占比例高达72%！

不过，在密码设定与使用行为上的“漫不经心”并非中国人的“专利”。

国外网民常用的 25 个弱密码是这样的：

password、123456、12345678、qwerty、abc123、monkey、1234567、letmein、trustno1、dragon、baseball、111111、iloveyou、master、sunshine、ashley、bailey、passw0rd、shadow、123123、654321、superman、qazwsx、michael、football。

与中国人略有不同的是，西方人更为偏爱简单的单词组合。这样的组合，在黑客的攻击面前，同样是脆弱不堪的。

为什么这么多人明知道密码的极其重要性，却还是要设置如此简单的密码呢？

事实上，人们宁愿为了方便自己的记忆而不惜放松对安全性的担忧。iloveyou 显然要比毫无意义的 mvAWzbvf 容易记住得多。但殊不知，便于用户记忆的密码，显而易见也是便于黑客破解的。如果真的要设置诸如 mvAWzbvf、2T9UPPd4 这样的密码，固然能增加不怀好意者的破解难度，但同时也增加了用户自己凭空记忆的难度，只能用笔记本或手机里的备忘录记录下来。这样做，在使用时还会增加不少繁琐的步骤，从而大大增加了用户的使用成本。

人类的大脑在进化中形成了偏向于偷懒的基本机制，这也决定了绝大多数的人会与 iloveyou 结缘，而将 mvAWzbvf 拒之门外。

从本性上而言，人们不愿意给自己增加一丁点儿的麻烦。这一个特性是我们在理解、构建新的成本论时不得不予以高度重视的。

美国流视频供应商奈飞公司（Netflix）靠着自拍剧《纸牌屋》（*House of Cards*）一举开创了全新的盈利模式，成为令人瞩目的商业新星。

奈飞公司的成功可以找到很多原因，比如独特的政治性题材、颇有名望的导演大卫·芬奇（David Finch）、出色的演员等，但足以让全球范围的观众趋之若鹜，热烈追捧，决不能忽略其突破常规的播出模式。

此前，美国的热门剧集一般是按照“季”的概念来打造及播出的。秋季档的电视剧每一季有22集，播出时间是从9月到第二年5月，每一季的上半部分一般是10~13集，播放三个月后迎来冬歇。在间歇期，电视台管理层会根据上半部分的收视调查数据和观众反馈，来评估决定是续订续播还是砍掉完事。因反响较好而得到续播的剧集会在1～2月回归，4～5月结束。①

如此周而复始，就形成了美剧独特的播出季现象。具体播出的节奏则是一周播出一集。但是，奈飞公司在制作《纸牌屋》时颠覆了传统的播出规则，把第一季全部的13集一股脑儿上线，供网民观看。

奈飞公司这么做绝不是空穴来风，而是有着坚实的数据基础的。为了便于用户选择并给予评价，奈飞公司精心设计了自己的搜索引擎，并提供了一个1~5级的评级功能。奈飞公司在美国拥有2700多万名用户，这些用户每天能够“生产”出3000万次播放动作、400万次评级、300万次搜索。这些数据的日积月累，就构成了大数据。奈飞公司的700名数学家和工程师每天对上述数据以及用户的视频观看时间、所使用的设备等进行大数据分析及挖掘，以分析用户的喜好品味。通过对这些大数据的研究，奈飞公司将用户的喜好及行为特征一网打尽。他们发现，很多用户并不是按照此前美剧的一周一集的播出模式来观看的，而往往是积攒起来，等到有空的时候，一口气看完。

于是，奈飞公司决定顺应用户的看片偏好，一口气将13集剧集同时上线。这一举措得到了其庞大用户的热烈回应。《纸牌屋》一夜之间成为最受欢迎的剧集，其热烈程度堪称空前。这一现象甚至还催生了一个全新的英文

① 资料来源：http://www.zhihu.com/question/20401886/answer/27466937。

单词——Binge Watching！（意为“狂看”）

《纸牌屋》的成功揭示了人类大脑的另一个秘密。人们虽然将延迟满足作为判断一个人成熟与否的重要标志，但其实，大脑并不喜欢等待，而是渴望即刻满足。所有的延迟满足都是迫不得已的。美剧以其扣人心弦的悬念设计，吸引了观众强烈的兴趣，但电视台出于自身运营以及收益的考虑，按照每周一集的节奏播出，让无数观众耗费了大量的心理能量而苦苦等待。当奈飞将这一限制解除之后，自然获得了用户的疯狂追捧，《纸牌屋》由此也成了网络流媒体服务领域的现象级事件！

看剧是如此，购买或享用其他的商品或服务同样也是如此。等待就意味着更多地耗费消费者的心理能量，从而也加大了他们的消费成本。这个特性也是我们在构建新的成本论时不得不予以考虑的要素。

在形形色色的生意中，文印店可以说是最不起眼的了。但是，鲜为人知的是，全中国超过 70% 的学校里的文印店都和湖南省新化县的人相关。这个偏远小县城的人几乎垄断了全国大多数学校里的打印生意。①

2015 年 2 月 11 日，适逢农历腊月二十三，从全国各地回到老家过年的新化人在洋溪镇趁机举办了一次“2015 年中国 • 新化文印产业博览会”，诸如富士施乐、柯尼卡美能达、佳能、三菱、惠普、精工等国际巨头们悉数前来捧场。新化帮用近 30 年的时间在文印市场上打造出的龙头地位由此可见一斑。

按说这样的龙头老大，其江湖地位和市场份额应该是很难撼动的。但是，一个 20 多岁的小年轻利用互联网技术开发出来的在线打印服务“分分钟印”却以摧枯拉朽般的威力对新化帮造成了重大冲击。

① 资料来源：http://media.sj998.com/shangjie/462351.shtml。

在传统的打印模式下，学生先要将需要打印的文档拷贝进 U 盘，然后拿到文印店，将 U 盘交给店员，由店员操作电脑打印。因为学校的打印业务量很大，打印时间相对集中，学生们往往需要排队等候较长的时间，让人大为厌烦。而且，因为打印一页纸的价格为 1 角或 2 角，支付的时候找零也是个麻烦事。

但是，“分分钟印”却很好地解决了上述需求痛点。它们首先通过利润分成的模式，吸引线下的文印店与其合作，为打印机装上二维码识别设备。而对学生用户来说，在自己的电脑上编辑好文档后，只要上传到“分分钟印”的网页，就近选择一家已经和“分分钟印”合作的文印店，就能在手机上获得一个二维码。然后，学生将手机上的二维码在文印店的二维码识别设备上一扫描，就能自动打印了。

整个过程中，文印店的工作人员无须插手。这样就大大增加了文印店的效率，极大地缓解了排队等候打印的窘状。而且，最后的付账则是通过支付宝，又省去了找零的琐碎麻烦。①

“分分钟印”推出后，在短短的三个月时间内就复制到杭州 30 多所高校。从理论上说，如果运营得当，这一模式完全能够扩张至全国的学校。

“分分钟印”的模式不但符合大脑喜欢偷懒的特性，也符合大脑不喜欢等待的特性，从而极大地减小了用户的消费成本，对新化帮的传统运营模式造成了极大的冲击。

通过上述几个案例，我们从大脑运行机制深层次地对顾客的消费成本进行了分析，并且非常清晰地看到，只有顺应消费者的大脑机制，让他们承担更低的消费成本的商业模式才有望赢得竞争。

① 资料来源：http://cn.technode.com/post/2015-01-22/2015-cb-hz-ffzy。

那么，这样的一种成本概念，加上原先以价格为体现的传统成本，再考虑其他的关联因素，我们该用什么样的概念来重新定义这综合意义上的全新成本呢？

能耗：全新的成本概念

我们探询新的成本概念，其根本目的就是为了回答本书开篇所提出的两个问题：

什么样的商业模式能够成功？

什么样的商业模式能够持续成功？

德鲁克、科斯、波特这些充满智慧的思想家给了我们很多启示。但我们不得不承认，比人（任何人）更伟大的是我们身处其中而浑然不觉的大自然。

大自然在发展时耗费的物质和能量都很少，而且在存活和重塑自身时不会破坏生态环境。自然学家、仿生学发明家杰伊·哈曼（Jay Harman）在其著作《创新启示：大自然激发的灵感与创意》（*The Shark's Paintbrush*）曾经举了一个令人匪夷所思的例子：

人类的心血管系统是一个超高效的系统，人体内的心血管总长度接近10万公里，但是为整个心血管系统提供动力的心脏的能耗却只有1.5瓦特。这个能耗量甚至比卧室里小夜灯的能耗都要低。

试问人类发明出来的哪一款机器能够拥有如此低的能耗？

大自然在几十亿年中已经进行了几万亿次极其严酷的对比实验，能够成功存活并流传下来的物种及其背后的大设计理念在节省能耗方面远比我们人类过去几百年中的发明创造更为显著。

大自然运行的基本原理就是节能。

我国著名的地质学家张伯声回忆自己是如何构想出用于解释地壳运动的“地壳波浪镶嵌构造说”时说：

当时是20世纪20年代，我乘船漂洋过海，远赴美国。路途遥远，无事可做，我天天坐在船头看海，看大浪奔涌，有一天我突然冒出了一个想法：“为什么海浪的运动不是直上直下的？后来我想到，从力学的角度来看，海浪的这种铺排式涌动，是最省力的。由此，我进一步想到，大自然地壳的构造运动，也一定是以最省力的方式运动的。

受此灵感启发，张伯声经深入研究后提出了“地壳波浪镶嵌构造说”，赢得了国际学术界的认可。

恐龙为何灭绝？蚂蚁为何长存？鲨鱼皮上布满了细小的垂直鳞片，看似增加了在水中游动的阻力，但其实正好相反！

我们人类自身，虽然自诩为万物之灵，动辄叫嚣着要改造自然、战胜自然，但事实上，我们也不过是大自然所设计的产品。

事实上，整个宇宙中的一切事物都是由能量构成的。一个物种的存活，本质上取决于它对能量的最优使用。如果我们用有机的而不是机械的眼光来看待商业模式，就会明白，商业模式成败的命脉就在于能耗的大小。

能耗，正是那个我们苦苦追寻的全新成本概念！

西方现代科技的发展与成熟，一步步地将机械论推向了圣坛。人们认为，包括大自然在内的一切事物，都可以解剖为由一个个独立零部件组成的机械装置。这一忽视事物的整体性以及事物之间的内在联系的认知论，深刻地影响了我们的思想、行为，并在带来工业化大生产极大繁荣的同时，也让这个世界陷入了极为沉重的高能耗、高污染的困境。

在机械论统治之下的商业模式也有类似的困境，所不同的是，它不但恶化了自然环境，引发了环境污染，也恶化了人类共处的人文环境，引发了心理污染。

当我们对商业模式的认知从机械论转向有机论，我们就能明白：

商业模式是人（Man）[①]、钱（Money）、物（Matter）、信息（Message）这四类基本要素组合而成的一种生态性结构。

具体而言，在商业模式的生态型结构中，存在着上述 4M 基本要素的运动，分别是物的运动、钱及信息的流动和人的活动。

其中，物的运动主要是指商品在不同时空中的移动；钱的流动是指货币的支出或收入；信息的流动则是指和商品相关的一切信息，包括销售数据、支付数据、顾客数据等。人的活动则包含生理活动（为购物而付出的体力）以及心理活动（为购物而支付的心理代价）。

这四类要素的不同流向、流速及流量，就构成了千姿百态、形形色色的商业模式。而更重要的是，所有这些人、钱、物、信息的流动或活动，都会产生能耗，这些能耗的综合量值，最终决定了一个商业模式能否成功，能否持续成功。

当然，物的流动和信息的流动的背后也有人的活动或多或少的参与，但我们统一纳入对物和信息流动的能耗考量。

这样的能耗概念，就是一个全新的成本概念，涵盖整合了三类不同的成本，即：

1. 物理成本，指商品作为一种物理性存在，在生产、运输、储存等环

① 为便于首字母组成 4M，故用 Man 一词来指代“人”，并非专指男性，而是泛指商业模式生态结构中的所有人。

节产生的能量消耗。

2. 生理成本，指顾客为了得到商品，销售者为了让顾客得到商品而在体力方面的能量消耗。

3. 心理成本，指顾客为了得到商品，在心理上付出的情感波动或情感冲击而产生的能量消耗。

综合考虑整个商业模式中的这三类成本，显然能够更全面地对于商业模式的能耗展开评估测试。

比利时物理化学家、诺贝尔化学奖得主伊利亚·普利高津（Ilya Prigogine）说过："所有的生物系统和很多非生物系统都是耗散结构，它们通过不断地消耗能量来维持其自组织过程。"商业模式属于普林高津所称的耗散性的非生物系统。非生物系统与生物系统并非二元对立的，两者之间的区别要远远小于我们一向所认为的那样。

美国生物学家阿尔弗雷德·洛特卡（Alfred Lotka）也说过："占据优势的生物体能够从自然体系中攫取更多的能量，创造更多的资源，提高能量使用的速度和效率，并且创造出盈余的物质。"如果把这段话中的"生物体"改成"商业模式"，这个论断显然也是成立的。那些通过正确的商业模式而取得了巨大成功的公司，以更快的速度和更高的效率，通过对各种资源的整合，为社会和消费者创造了更大的价值，也让自己的盈利水平处于良好的态势。我们不妨试着改换一下表述：

占据优势的商业模式能够从自然体系中攫取更多的能量，创造更多的资源，提高能量使用的速度和效率，并且创造出盈余的物质。

这样的改动应该能获得洛特卡本人的赞同，因为他还曾经说过："进化的不只是生物或物种，而是物种加环境的整个系统。两者是不可分割的。"

另一位诺贝尔化学家获得者弗雷德里克·索迪（Frederick Soddy）曾经

就“热力学定律”发表过很有见地的评价：“归根结底，一个政治体系的兴盛与衰落、一个国家的自由与奴役、工业与商业的发展趋势、财富与贫穷的起源、一个种族的总体幸福感等，都可以用热力学定律来解释。”热力学定律是人类关于能量的基本认知规律。热力学第一定律提出，宇宙中的能量是守恒的，但宇宙中的熵将会不断增加。热力学第二定律则告诉我们，能量的转换永远具有方向性，从可用能量到不可用能量，从热物体到冷物体，从集中到分散，从有序到无序。

正如索迪所言，这两条定律并不仅仅适用于物理学的研究，而是适用于自然界、人世间一切的结构化系统。商业模式又岂能置身事外？

至此，我们可以非常自信地宣告，我们从能耗的角度来重新定义成本的概念，以及判断商业模式的成败，不但是可行的，也具备强大的理论支撑。

同时，我们也可以非常自信地推断：

只有那些能够在能耗优化上傲视同侪的商业模式才有望成功，才有望持续成功。

商业模式的演进方向

借用我们刚刚提出的能耗概念，我们可以看到，商业自出现以来，一直就是沿着节能化的方向演进的。

最明显的例子就是货币。

据新闻报道，沈阳一位经营加油站的顾客，用重达 4 吨的硬币到 4S 店购买了一辆定价 68 万元的 SUV 小轿车。[a]

适逢 4S 店销售惨淡，否则他们一定会拒绝这笔购车款项主要由 1 元硬

① 资料来源：http://www.huaxia.com/lnsy/jrln/xwsc/2015/06/4432388.html。

币组成的买卖。为了完成销售，4S 店的工作人员上门好几次，才把这 4 吨重的硬币拉回到了店里清点。

交易完成后，4S 店联系附近的银行准备将硬币存入银行，但好几家银行都以人手不够，数不过来为由加以婉拒。

4S 店只好派出全体员工，分头到各个银行排队存款。折腾了一整天，总算是把价值 39 万元的硬币存进了银行，但依然还有 20 多万元的硬币留在手上。

人类最初是通过以物易物进行交易的，随后贝壳等成了最初的货币。此后则是金银铜等重金属被铸造为货币。再后来纸币就出现了。而到了近代，信用卡又逐渐取代了实物形态的纸币。进入数字化时代，虚拟货币渐渐流行起来，人们对纸币、硬币这样的实体货币的应用越来越少，通过支付宝、微信等网络支付工具则越来越成为主流。

上述用硬币购车简直就像是一出荒诞的后现代喜剧，其对于整个交易过程中相关人员的能量消耗是极其巨大的。我们不妨试想一下，如果全社会的商品交易都是采用硬币来支付，会是什么样的场景？恐怕整个市场都要瘫痪了！交易中的人们的综合能量都会被这这个支付环节消耗殆尽。反之，如果用信用卡或支付宝来支付，则支付环节的能耗将会降至最低，几乎可以忽略不计。这个硬币购车事件之所以会成为新闻报道的对象，就是因为其已经和社会发展的阶段大为不符而成为一件令人诧异的事情。

从另一个角度来看，这一事件也用一种近乎夸张的方式，为我们清晰呈现了商业模式演化的方向：

综合而言，商业模式一定是向着节能化的方向演进的。

简略回顾整个商业的发展历程，无论是衣食住行，还是吃喝玩乐，这个结论具有普适性（例外的情形将在后续章节中讨论）。

我们正处在互联网带来的全新商业业态之中，我们不再停留于前互联网时代，而是重点考查互联网对于商业模式带来的重大影响。

《人性之根：互联网思想的本质》一书非常明确地提出：互联网的本质就是消解时空。

任何一种商业模式都是建立在一定的时空秩序之上的，同时也不得不接受这一时空秩序的约束。互联网的出现，强有力地消解了原来的时空秩序，并在这一消解过程中重构新的时空秩序。

比如，我们此前必须按照商店的营业时间，亲身前往商店所在的地点，才能完成购物。而电子商务则为我们提供了不限时间、不限地点的网络购物模式，只要有一台能够上网的电脑，无论是在风驰电掣的高铁上，还是在荒无人烟的沙漠中，无论是在凌晨两点的温暖被窝中，还是在正儿八经的上班时间，我们都能够做到随时随地地在网上购物。

显然，网上购物是对传统购物的时空限制的颠覆性改变，这一改变的背后则是购物能耗的极大降低。

互联网商业的发展就是通过消解旧有的时空约束而带来全新购物体验。所以，这是符合商业模式的节能化的演进方向的。

这样的演化仍在不断进行中。网络购物正在从 PC 端向更为节能的移动端转移。例如，2015 年 6 月 18 日，京东商城的消费者通过移动端（包括京东移动客户端、微信购物、手机 QQ 购物）下的订单占比已超过总体下单量的 60%，而一年前的 2014 年 6 月 18 日，这一数据仅仅是占总体下单量比例的 25%。在一年的时间内，移动端网络购物从补充性角色成了主宰性角色。①

无独有偶，几个月后的天猫“双十一”购物节的成交金额冲到了令人诧

① 资料来源：http://news.hexun.com/2015-06-24/176989821.html。

异的 912.17 亿元，而移动端更是以 68% 的订单占比，跃升成为电商消费的主战场。仅仅一年后的 2016 年的“双十一”购物节，这一数据则跃增至 1207.49 亿元。[①②]

这其中的原因是显而易见的。PC 端购物仍然有一定的时空约束，购物者必须走到并坐在电脑跟前才能开始操作。而移动端的手机、平板电脑则可以随身携带，真正能让消费者随时随地地实现低能耗购物。

《福布斯》杂志曾经发表过一篇《要重新认识中国科技企业》的文章。作者陈康妮（Connie Chan ）在文章中写到， 携程推出了一个自由行微小队的项目为那些购买了自由行产品、且出发日期相近、目的地相同的用户拉一个微信群，群中有一个携程客服人员“微领队”，还有携程提供的旅行专家和目的地地陪，负责解答用户提出的疑问。这个设计非常好，能够很好地解决旅行中各种出现的问题，群里的游客也可以互帮互助，这对于品牌满意度和忠诚度是一个极大地提高。[③]

陈康妮本人曾经也设计过一个类似的创意。当时，她单独设计了一个网站，然后为同一时间同一目的地出行的人提供一个平台进行交流，组织线下活动或者帮助解决问题等。但是很明显，携程的设计就比她的设计更加接地气。携程通过两个大的应用平台来联接顾客群体，这个设计可以不断递进式的改变，以后可以涵盖更多的人群，提供更周到的服务，甚至是创造一个完全崭新的平台用来交流和服务

陈康妮赞誉携程的做法比自己当初的设想更接地气，其实质正体现了商业模式的节能化演进。携程通过组建微信群来与游客即时沟通的方式，显然

① 资料来源：http://news.youth.cn/jsxw/201511/t20151112_7304620.htm。
② 资料来源：http://www.southmoney.com/redianxinwen/201611/863302.html。
③ 资料来源：http://mp.weixin.qq.com/s?__biz=MzAxNTU0MDQ0Ng==&mid=404773752&idx=1&sn=2fae6fcec02c3826c9f0bba85506fad0&scene=23&srcid=0407MJTVT7Gi7WCCNbQct5pn#rd。

比陈康妮设想的通过建立网站的方式更为方便快捷、成本低廉，更加节省消费者以及服务供应商的综合能耗。

O2O、共享经济与指数型组织

在商业模式的演化进程中，近几年出现了 O2O（Online to Offline）、共享经济（Sharing Economy）与指数型组织（Exponential Organization）这几个最为火爆的概念。

那么，O2O、共享经济与指数型组织的出现以及盛行和商业模式的能耗之间存在着什么样的内在联系呢？接下来，我们逐一展开分析。

先来看 O2O。

过去这几年，O2O 火热无比，几乎无人不谈 O2O。数以亿万计的风险投资，如山洪爆发般地倾泻入其中。在 O2O 模式中，线上的一端借助了互联网消解时空的特性，显然是符合能耗演化的基本逻辑的。

但是，整个 O2O 业态在短短的几年间却充满了倏忽而兴、倏忽而衰的诡异景象，让人眼花缭乱、混沌不清。业界关于 O2O 的各种论调也是喧嚣尘上、鱼龙混杂。很多在互联网商业上取得了初期成功的业界大鳄们对 O2O 也不怎么看好。

京东集团 CEO 刘强东 2015 年曾经在内部会议上分享过一个真实的故事：

去年年底有个互联网公司业务模式发生变化，以前老的业务不想做了，老板不想开除这些兄弟们，因为要赔偿一笔钱，于是跟 30 多个兄弟们商量说："兄弟们，你们出去创业吧，我给你们投 150 万人民币"。这帮兄弟真就信了，拿了 150 万人民币去创业了。

到今年 3 月份见面，本来以为这些兄弟和公司没关系了，从此算是解套了，结果3月份兄弟们告诉他，已经拿到了A轮500万美元的投资，他之前投的150万占了70%的股，最近B轮融资追过来，估值2亿美元！原来，这帮兄弟们在手机上做了个卖二手车的App。我问卖了几辆车，他告诉我最多只卖了两辆车，还是员工自己买的。[①]

正是这种明显违背商业本质的O2O狂潮让刘强东对于O2O产生了极为负面的印象，以至于他得出了“O2O很难成功”的结论。[②]

刘强东说，京东内部在分析最火的O2O项目，很长时间一直有争议。刚开始，刘强东也是“怀疑派”，因为他一直算不过账来。以上门洗车为例，三个人，骑个小三轮，弄水骑到顾客家里去，弄半天，洗完走了，三个人大概一天只能洗两三辆车，本来你开到洗车店10~20元就洗完了，结果三个人跑到你家里，成本大幅度提升，效率大幅度下降了。虽然用户体验大幅提升了，但这是建立在成本上升、效率下降的基础之上的，这种商业模式也很难成功。

刘强东还用京东举过例：

如果我们把用户体验做得更好一点，可以更简单一点，不用做几个快递公司，全部用顺丰发货，所有的货都备无数，在全国弄500个库房，每个库房离你家只有500米，你买什么都有现货，15分钟送到家，出了问题全额退，这个体验肯定是最好的。但是这样，成本大幅提高，库存周转天数大幅度拉长。光有用户体验的成功，并不代表我们新的商业模式能够成功。

刘强东在批评O2O模式严重违背了最基本的经济常识的同时，也隐含着对京东模式的自鸣得意。但是，京东的商业模式却又遭到另一个完全靠互联网发家的商界巨头马云的批评。马云在一次朋友聚会时口无遮拦地说：

京东将来会成为悲剧，这个悲剧是我第一天就提醒大家的，不是我比

① 资料来源：http://auto.qq.com/a/20150922/024786.htm。
② 资料来源：http://tech.qq.com/a/20151224/060104.htm。

他强，而是方向性的问题，这是没办法的。你知道京东现在多少人吗？5万人！阿里巴巴是慢慢长起来的，现在才23 000人。收购加起来是25 000人。你知道我为什么不做快递？现在京东5万人，仓储将近三四万人，一天配上200万的包裹。我现在平均每天要配上2700万的包裹，什么概念？中国10年之后，每天将有3亿个包裹，你得聘请100万人，那这100万人就搞死你了，你再管试试？而且它的60%收入是在中关村和淘宝，它自己网上不可能这么大量。所以，我在公司一再告诉大家，千万不要去碰京东。别到时候自己死了赖上我们。①

马云的这番话广为传播后，引发了轩然大波，以至于马云不得不在微博上解释并致歉。抛开其他不管，在商言商，我们可以发现，无论是刘强东说的“成本、效率和用户体验”，还是马云说的“方向性”，其实都是用不同的方式在诠释“能耗”，而且，尽管表面上两人的观点势同水火，但实质内涵却是惊人的一致，高度的统一：

一个能耗巨大的商业模式是绝无可能持续成功的。

有意思的是，刘强东认为“O2O很难成功”，显然他认为京东商城不属于O2O模式。而批评京东的马云，竟也对O2O模式持消极观点，显然他也不认为阿里巴巴商业体系不属于O2O。在2015中国绿公司年会上，马云在演讲中说：“我也听了万达王健林先生讲O2O模式，我认为O2O是一个伪命题。有人讲如虎添翼，我从来没见过一个老虎有翅膀的，那是想象力。坦克装上翅膀未必是飞机，坦克就是坦克，飞机和坦克要完全地结合。”②

O2O确实是充满了矛盾。一方面资本用货币为其撑腰，一方面巨头们却不屑一顾；一方面大肆进军各行各业，一方面黯然败退满地鸡毛。为什么

① 资料来源：http://finance.ifeng.com/a/20150108/13414821_0.shtml。
② 资料来源：http://finance.ifeng.com/a/20150421/13651651_0.shtml。

对 O2O 会有反差如此之大的看法与判断呢？

事实上，对于 O2O 的所有错误理解都是建立在对其的狭隘定义之上的。我们不妨从 O2O 的源头来梳理一下。

O2O 这个提法最初是美国人阿列克斯·拉姆贝尔（Alex Rampell）于 2010 年 8 月 7 日最早提出来的。

阿列克斯·拉姆贝尔是 TrialPay 公司的创始人兼 CEO。这家公司在网上为用户提供免费的虚拟商品陈列，引导顾客前往 GAP、奈飞等网站购物，并从中收取佣金。拉姆贝尔在分析 Groupon、OpenTable、Restaurant.com 和 SpaFinder 这些公司时，发现了它们之间的共同点：在网上寻找消费者，然后将他们引导到实体商店去消费。于是，他将这一模式定义为“Online to Offline”，简写为 O2O。

最初，O2O 的方向是从线上到线下。但是，现实的商业发展并没有束缚于这一人为的定义，另一个完全相反的方向也逐渐涌现，即从线下到线上。这一般被理解为线下传统的实体店在互联网大潮中的一种转型路径。

站在更高的层面上来看，O2O 既不应该局限于从线上到线下，也不应该局限于从线下到线上，而应该是线上线下的相互融合，将传统实体店累积的各项资源与互联网消解时空的特性相结合，构建出全新的更为节能的商业模式。

我们前面已经提出，商业模式是人、钱、物、信息组合而成的生态性结构。基于这样的生态性结构，完全、纯粹的线上商业是不可能存在的。而随着互联网的发展，互联网技术以及应用将会越来越多地渗透到传统商业的各个环节中去。由此，我们应该对 O2O 来一次重新定义：

凡是在设计、生产、仓储、运输、管理、营销、支付、售后服务等任何

一个环节采用了互联网方式的商业模式，都属于 O2O 的范畴。

这是一个广义的 O2O 定义，也是更符合现实状况以及未来发展的定义。刘强东不看好 O2O 模式，殊不知，他所运营的京东商城就是 O2O！马云不看好 O2O 模式，实际上，阿里巴巴、淘宝、天猫哪一个不是 O2O？

在节能化的演进推动下，线上线下结合、融合的模式必将成为商业模式的标准范式。所以，O2O 模式尽管在发展过程中出现了很多问题，但是其发展方向是符合能耗论的，那些未能持续成功的 O2O 模式，根本上也是因为违背了能耗法则所导致的。本书将在后续章节中引用大量的 O2O 案例来对此加以阐述说明。

再来看共享经济和指数型组织。

共享经济的重点在于越过所有权而对使用权进行切割，分而享之。近来，以优步、Airbnb 等为代表的共享经济异常火爆。据称，到 2025 年，全球共享经济的市场规模将达到 3350 亿美元。另据腾讯研究院的数据，2015 年中国共享经济的市场规模已经达到 1644 亿美元，占 GDP 的 1.59%，预计未来五年共享经济的年均增长幅度高达 40%。

但“共享”并非人类全新的行为模式，而是早已有之。当下所称的“共享经济”之所以能以指数级的速度增长，是和互联网的繁盛密不可分的。由此，我们可以将“共享经济”定义为：

通过互联网平台，将闲置或冗余的产权、产能、产品与他人（尤其是陌生人）分享，并获得额外收益的一种商业模式。

从这个角度来看，共享经济显然也是属于 O2O 范畴的，如果缺乏互联网技术的深层次应用，所谓的共享经济根本无从以极其节能的方式施展，也必然无法在经济性上胜过传统模式。

所谓“指数型组织”，是指企业的增长速度远远超越了人们的想象力。据《指数型组织》一书的数据，《财富》500 强企业达到 10 亿美元市值所耗费的时间已经从 20 世纪的平均 20 年左右一下子缩短到惊人的 2~3 年。比如，视频网站 YouTube 公司在创立 18 个月后，就被谷歌以 14 亿美元收购；团购网站 Groupon 在不到两年的时间里就成了估值 60 亿美元的公司；而共享经济的先锋企业优步，也在极短的时间内冲到了 170 亿市值的高点。

指数级增长的基本驱动力就是信息技术。Airbnb 已经取代凯悦成为全球第一的连锁酒店（如果能把 Airbnb 归入这一行业的话）。但是，凯悦这个传统酒店巨头拥有 549 处房产和 4.5 万名员工，而 Airbnb 却没有一处属于自己的房产，也只有 1324 名员工。Airbnb 的成功必须归功于其对于互联网信息技术的精妙运用。所以，我们可以说，如果缺乏某些环节的互联网应用，指数型组织是不可能出现，更不可能成功的。按照我们前面的定义，指数型组织也是要归入 O2O 的范畴。

可见，共享经济与指数型组织从根本上来看，是 O2O 商业模式的不同呈现方式与表述方式。O2O、共享经济、指数型组织之所以会成为商业世界的焦点与热点，正是因为它们全都符合商业模式的进化方向并与当下的现实背景高度契合。

能耗战：赢向未来的新范式

在这一章里，我们重新定义商业模式、成本和 O2O 这几个极其重要的概念，并厘清了商业模式的基本演进方向。我们得出了以下重要结论。

1. 商业模式是人、钱、物、信息这四类基本要素组合而成的一种生态性结构。

2. 所谓 O2O，就是指在设计、生产、仓储、运输、管理、营销、支付、售后服务等任何一个环节采用了互联网方式的商业模式。

3. 能耗是包含物理成本、生理成本、心理成本在内的全新成本概念。

4. 商业模式一定是向着节能化的方向演进的。

5. 一个能耗巨大的商业模式是绝无可能持续成功的。

基于上述观点，我们就完成了对本书的新理念——“能耗论”的构建。从“能耗论”的视角审视商业世界，我们会看到很多与传统大为不同的景象。

能耗不仅仅是成本，能耗不仅仅是价格，能耗更是一个全面的概念；未来，企业最基本的竞争方式将从价格战转为能耗战；作为企业经营者，也必须将自己的成本意识转为能耗意识。

这一经营意识上的巨大转变，完全可以视为一场能耗革命。尽管能耗一直在商业模式的成败中发挥着至关重要的作用，但在移动互联网的大时代背景下，消费者的能耗敏感度越来越高，能耗耐受度越来越低，如果我们不从思想上完成这场颠覆性的能耗革命，企业和商家是很少有机会制胜未来的。

同时，我们也可以将能耗革命所对应的全新经济范式称为“易经济”。所谓的“易”，就是让消费者更容易获得更优质的产品或服务。这是这场比拼能耗的商业大战的核心关键。

那么，接下来的问题就是，我们该如何在商业实践中来运用能耗论呢？这就需要我们建立一个结构化的分析模型，用来评估测量商业模式的能耗，并在这一基础上想方设法，有的放矢，来削减能耗，从而赢得能耗之战，在激烈的商业竞争中获得优势地位。

02 能耗分析模型

能耗分为时间能耗、空间能耗、价格能耗、学习能耗、安全能耗及关联能耗，这六个因子从全体系的高维度涵盖了一切商业模式的综合能耗。泛量化的六维度的能耗分析模型，加上由三角函数推导出的能耗计算数学公式，可以用图表和数值两种方式来衡量比对不同商业模式的综合能耗。这是“能耗论”最具开创性的理论与实践的双重价值。

商业模式作为人、钱、物、信息四类基本要素组合而成的一种生态性结构，也可以视为一个具有相对独立边界的有机体。这个有机体的运转离不开在其边界之内的物品的移动、信息的流动以及人的活动。

商业模式运转中的移动、流动和活动，自然会消耗能量。这些能耗分为两个方面，一方面是消费者为了得到商品而消耗的能量，另一方面则是企业或商家为争取消费者而维系整个产业链所消耗的能量。

在这两者之中，何者为重呢?

两者都很重要，但显然要优先从消费者的这一端来考虑。在当下物质丰沛、互联网盛行的时代，权力已经无可逆转地从企业转移到消费者的手中。企业要想生存，商业模式要想成功，必须换上消费者的大脑来思考。

德鲁克在《成果管理》（*Managing for Results*）一书中写道：“只有一个人真正了解顾客，那就是顾客本身。”所以，我们就以消费者的身份，来估测一个顾客在购买或使用某一产品（或服务）时可能付出的能耗。

消费者首先要主动去搜索所需的产品或服务的相关信息，或者对主动推送而来的信息加以甄别。这需要付出时间。消费者做好了购买决定，可能需要抵达某一特定场所以获取产品，并将其带回家中，这其间需要空间的转移。消费者需要为产品或服务支付一定的货币形式的代价。这体现在产品或服务的价格上。因为新技术的广泛应用，很多产品或服务是全新的，消费者获得产品或服务的方式也是全新的，这就需要消费者抛弃惯性模式，展开学习，并在认知和行为上做出改变。这个过程也会消耗消费者的心理能量。消费者在获取产品或服务的整个流程中，也会考虑到安全问题，包括资金安全、隐私安全等。最后，消费者的购买并不是一个完全独立的片段，很有可能会与其他环节存在密切的相关，这些关联因素很可能带来意想不到的影响。

上述这几个方面，组成了综合能耗的六个维度。这比起将商业模式的综合能耗划分为物理性能耗、生理性能耗和心理性能耗这三个类别更为细化，也更容易衡量评估。具体而言，六个维度的能耗因子如下：

1. 时间能耗；
2. 空间能耗；
3. 价格能耗；
4. 学习能耗；
5. 安全能耗；
6. 关联能耗。

接下来，我们逐一对这六个维度的能耗因子展开详细论述，并在此基础上构建商业模式的能耗分析基本模型。

时间能耗

时间能耗是指消费者在购买及使用产品之前、之时、之后所耗费的时间所带来的能量消耗。

自互联网商业繁盛以来，免费经济似乎从不可思议的想象变成了活生生的现实。但是，免费经济真的免费吗？

经济学关于免费品的定义是指不用付出代价就能获得的东西。所谓的免费经济，往往是指顾客不用付钱，但这并不意味着顾客无须支付其他的非货币形式的代价。假设有一场音乐会是免费的，但是因为想要免费去听音乐会的人太多了，为了得到数额有限的门票，人们不得不排起长队领取门票。人们在等待中所花费的时间就是非货币形式的代价，而这些多耗费的时间原本是可以用于创造其他价值的。

现代西方经济学是建立在“资源是稀缺的”这一大前提之下的。

事实上，**就本质而言，只有时间才是世界上唯一稀缺的资源。**任何其他的资源都可以经由能量的转换而循环使用，或者找到替代品，而时间一经流逝则永不复返。

作为消费者，对于任何产品的购买、使用都需要花费时间，从而时间消耗的多寡就构成了评判商业模式能耗的一个重要因子。

苹果公司前 CEO 史蒂夫 • 乔布斯在开发 Mac 电脑时，曾经对电脑操作系统的开机启动时间过长深感不满。在他看来，让用户坐在电脑面前等待开机无异于浪费生命。他对开发负责人拉里说：“如果能救人一命的话，你可以将系统启动时间缩短 10 秒钟吗 ?”

乔布斯随即算了一笔账：如果 Mac 电脑卖出 500 万台，每天每台机器开机多花费 10 秒钟，那加起来每年就要浪费大约 3 亿分钟。而 3 亿分钟至少相当于 100 个人的寿命 ! 乔布斯这一独特算法恰好是时间能耗最形象表述。

科技的迅猛发展使得现代人日益失去了耐心。在集市经济的时代，人们只能在固定的赶集日购物，错过了一次集市，就要等上好几天，甚至十几天，但人们并不以此为忤。商业始终是向着节能化的方向演进的。便利店、方便食品等自然应运而生。当互联网日渐消解了原有的时空约束后，人们越来越不喜欢等待，他们甚至连多等一秒钟都不愿意，他们渴望即刻的满足。这也使得时间能耗成为决定一个商业模式成败的极为关键的要素。

根据“红板报”（Flipboard）的调查数据，73%的移动互联网用户，一旦他所访问的网站登录速度过慢，就会立即放弃访问，而这个所谓的“速度过慢”，不过是两三秒钟。

电商巨头亚马逊发现了另一组更为骇人的对比数据：网站页面加载时间每增加100毫秒，销售量就会下降1%。此外，网站页面加载的速度每增加1秒，客户的满意度就会下降7%。

为了增加商品销售量，为了提高顾客满意度，企业与商家必须致力于减小顾客的时间能耗。

丝芙兰（Sephora）是一家源自法国的全球品牌化妆品连锁店。丝芙兰公司为自己的门店员工配备了一个能够扫描顾客皮肤颜色的小巧装置。员工为顾客扫描后，可以建立一个个人的“颜色身份代码”（Color ID）。这一装置能够在门店的产品中快速选定与顾客肤色相匹配的产品。一般情况下，顾客要找到最适合自己肤色的粉底霜，就必须试用每一种粉底霜。这个过程需要花费好几个小时。但是有了自己的“颜色身份代码”，在这款装置的帮助下，顾客立即就可以从自己的智能手机上查看所有适合自己的粉底霜，然后就可以有针对性地试妆了，从而节省了大量的时间。尽管丝芙兰门店所提供的产品没有变化，产品的价格也没有变化，但顾客购物的时间能耗的极大降低，不但为丝芙兰带来了更好的口碑，也赢得了更好的市场表现。

亚马逊为了节省顾客购买时的时间能耗，曾经在网页上提供了“一键下单”的按钮。消费者第一次在亚马逊购物时输入的姓名、住址以及信用卡信息会被系统自动提取。此后，当消费者再在亚马逊网站浏览购物时，网页上就会出现“一键下单”按钮。消费者只要轻轻一点，整个购物过程就完成了。这比起其他商业网站需要多次点击确认、填写相关信息的购物模式要节省很多环节与时间。亚马逊为这项创意申请了专利，其他网站必须向亚马逊支付授权费才能在自己的网页上放上“一键下单”的按钮。这一专利壁垒吓退了很多有意模仿的竞争对手。但苹果公司的CEO乔布斯对于亚马逊的这项节能性专利赞叹不已，因为这与他“至简为上”的产品设计理念不谋而合。2000年，苹果公司向亚马逊支付了不菲的费用后，得以在自家的iTunes网上商城的页面上使用这项功能。

亚马逊始终没有停止在节省顾客的时间能耗方面的努力。2008年，它们又申请了一项名为“动作识别输入机制”的专利。根据专利文件的描述，顾客可以将“点头三下、笑一下，然后抬高眉毛”设为支付密码。目前，这项技术尚未付诸实施。但我们可以设想，“用眉毛支付”显然比起直接在网页上输密码（尤其是通过智能手机移动购物时）肯定要节能多了。

亚马逊还把网页上的“一键下单”设计成了线下硬件Dash Button，以更方便消费者购物。Dash Button的大小与普通的U盘相仿，可以贴在任何物件上。每个按钮只对应一样商品，按一下，就完成了整个下单购买流程，亚马逊很快就会将商品送上门。亚马逊先期推出了18款不同的Dash Button，其对应的商品包括汰渍洗衣粉、Gerber奶粉、Bounty卫生纸等日常消耗品。

WhatsApp是一款智能手机上的跨平台即时通信应用程序（类似于中国的微信）。通过WhatsApp，使用者可以跨越国界，免费与全球各地的朋友们聊天。这项功能其实Skype（类似于中国的QQ）早已实现。但WhatsApp却后来居上，在美国非常火爆，最后以约190亿美元的超高价格被Facebook收购。WhatsApp何以能后发制人，胜过Skpye呢？

其原因正在于对用户的时间能耗的节省上。用户在注册Skype时，必须为自己的新账号创建一个全新的名字。这使得每个人都变成了其他人的陌生人，所有的好友全部要重新添加、确认后才能恢复先前的社交关系。而 WhatsApp 的 CEO 简 • 库姆（Jan Koum）自称做了一个“最懒的”决定：将用户手机中的通讯录作为唯一的识别符。这样，WhatsApp 就可以自动识别出所有已经下载了 WhatsApp 的联系人，彼此之间无须进一步验证就能延续先前的社交关系，可以相互收发信息。用户使用 WhatsApp 的时间能耗明显低于 Skype，这就是两者的关键区别所在。

顾客的时间能耗大致可以分为两类：一类是倾注心力的时间能耗，一类是单纯等待的时间能耗。

倾注心力的时间能耗是指顾客在使用产品、享用服务时，需要费心劳神地思考如何去使用产品，并做出一些形体动作。前述几例均属于这一类型。而单纯等待的时间能耗，则是指顾客无法参与到进程中，只能无聊、无奈地等待反馈信号。比如，当我们在拨打诸如银行、电信、有线电视等公司的热线电话或客服电话时，往往会遇到占线，在人工服务出现之前，我们只能毫不知情地长久等待。这种因不确定性而产生的时间能耗给顾客带来了极大的心理困扰。这也是顾客对这些大公司的服务不满意的重要原因之一。

当然，这些公司也有苦衷。为了控制人力成本，它们不愿意雇用更多的接线员，当业务繁忙的时候只能让顾客更多的等待。但是，这样的做法，不但会增加顾客的不满，也会导致业务的流失。这一规律不仅适用于线下商务，也适用于线上电商。

据 Flipboard 的数据，电商网站如能提供实时聊天服务，至少可以将 B2B 客户转化率提高 20%，而且，回头客比例可提高到 63%。

从另一个角度来说，如果能消除掉不确定性，完全可以在不增加客服人力的前提下，减小这种单纯等待带来的时间能耗。比如，有一家搬家公司，当顾客拨打服务电话占线时，系统会向顾客提示在等候队列中排在第几位。

这样，顾客的等待就有了明确的预期，从而较大地消除了心理负担，即时间能耗。

软件行业、互联网行业在这方面做得不错。当我们下载软件、安装软件、杀毒清理时，会看到以百分比形式显示的进度条，或是还需要等待多少分钟的提示。这种明确的提示，会有效地减低用户的时间能耗。

我们必须牢记的是，心理能耗总是相对的、主观的、因人而异的、因情境而异的、因呈现方式而异的。

香港迪士尼乐园经常人满为患,游客不得不在每个游乐项目前排起长队。为了降低游客的不满，迪士尼的做法是给出一个充足的冗余，先将游客的预期拉低，然后又“必然”超越预期地加以满足。例如，迪士尼先提示游客，“巴斯光年星际历险”这个项目需要排队等候一小时，而事实上，游客排队半个小时就排到了。这种通过认知对比而“提前”出来的半小时，顿时将游客的时间能耗对冲抵消，甚至让他们备感惊喜。

自工业文明以来，人类日出而作、日落而息的悠闲生活节奏就已被完全打破。人们贪婪地挤压睡眠时间，想要获得更多的清醒时间。互联网特别是移动互联网的繁盛，更是让时间争夺战变本加厉，愈演愈烈。人类的平均睡眠时间较之农耕时代已经大大减少，时间已经成为人类最为稀缺，甚至可以说是唯一稀缺的资源。

由此，我们更应重视商业模式中的时间能耗，只有那些能够将时间能耗降至最低程度的商业模式才有望持久活跃，这也是我们将时间能耗置于所有六类能耗之首的重要原因。

空间能耗

空间能耗是指消费者在购买及使用产品之前、之时、之后在地理位置的移动上所付出的能量消耗。

要特别加以说明的是，空间能耗必然伴随着时间能耗。也就是说，当消费者在不同的地理位置上移动的时候，随着空间的转变，时间也在同步流逝，两者是不可分割的。某种程度上，空间能耗是以时间的消耗量为衡量标准的。为了便于描述、分析，我们不再将这部分时间能耗剔除出来，而是将其纳入空间能耗中一并考虑。

地理位置对于人的约束力是很强的。我们在前文中说过，时间可以说是人类唯一的稀缺资源。那么，空间就可以视为人类唯一无法彻底突破的地理限制。

我们不妨设想一下在医院看病的情形。一个病人去医院就诊，他首先要到挂号处挂号，这是第一个地理位置；然后，他要移动到医生所在的诊室，这是第二个地理位置；医生开出检查单，病人就要移动到血检、尿检、CT拍片等检查点，这是第三个地理位置；病人随后又要回到第二个地理位置——诊室，诊室医生根据诊查结果，给病人开药，病人于是要到收费处交钱，这是第四个地理位置；然后，病人再去药房取药，这是第五个地理位置；如果要打针、输液，则病人还要到输液室，这是第六个地理位置。

这是一种最简单的模型式归纳。真实的就诊过程比这个模型要复杂很多。我们可以很清晰地看到，连续多次的空间移动会给病人带来多大的能量消耗（即便不考虑疾病给病人造成的心理损耗）。显然，医院是一个高能耗的场所，带给病人的体验是非常糟糕的。但是病人却别无选择，只能受制于医院的功能性地理分布。

如果一个商业性场所，也像医院一样，我行我素，丝毫不顾及消费者的空间能耗，一定会导致销量的隐形下降，甚至会招致顾客不满和顾客流失。

比如，有的旅游景区为了强制游客购物，竟然在购票处设立了购物通道。游客要想从购票处走到景点入口，只能被迫走这条唯一的通道。这一强制措施，极大地增加了游客的空间能耗。尽管游客触目所及，都是商品，但心怀不满的游客又有几个会对这些商品青睐有加呢？

城市地理学家、消费行为学家帕科·昂德希尔（Paco Underhill）曾经对顾客在大型超市中的购物行为开展了深入研究。昂德希尔通过观看超市收款处的录像发现，使用购物篮的顾客不到 10%。大多数顾客在收款处手忙脚乱地归拢着将要购买的好几件商品。显然，如果有人在他们购物的过程中，及时地给他们递上一个购物篮，他们也许就不用表现得像一个业余的杂耍演员一样了。而且，当购物篮把他们仅有的两只手解放出来后，他们就有可能拣选、购买更多的商品。

昂德希尔进一步的研究发现，顾客在进店之前的购物目标是比较明确的。所以他们大多非常自信地放弃在入口处拿上一个购物篮。但是，即兴的冲动购物往往是绝大多数顾客的常态，尽管他们自己并未觉察到这一点。当购物者碰到了第二个、第三个触发了他们购买动机的商品时，他们迫切需要一个购物篮。但是，购物篮往往不是随处可见，随手可得的。他们只能返回到入口处去取购物篮。而这一空间能耗将会极大地扼杀即兴涌发的购物冲动。很多顾客由此不得不放下了本来可以为超市创造额外销量的商品。

昂德希尔给超市的建议是，将购物篮散放在购物者可能需要它们的任何地方。同时，只要看到顾客拿着 3 件或 3 件以上的东西，店员就马上主动递给他一个购物篮。这两个措施都是通过消除顾客的空间能耗来提升其购物体验，并能够切实地帮助超市提高销量。

在整个商业发展史上，商家为了减少顾客空间能耗的努力从未停止过。

19 世纪末，美国人发明了收银机，随之而来的则是商品定价的“尾数现象”，诸如 49 美分、1.99 美元之类的比整数价格略少一点的定价方式成为新的时尚。

直到今天，绝大多数人还认为这种“尾数定价法”是对于人类心理认知机制的精妙利用。1.99 美元只比 2 美元少了 1 美分，但却显得便宜多了，于是顾客就会情不自禁地多买东西，从而促进整体销售。但是，瑞士籍的科技记者雷托・施耐德（Reto Schneider）通过对相关文献的研究，却发现这是一个流传至今却鲜少被人戳破的美丽谎言。

1936 年，有一家商店从 600 万种商品中挑选出一部分商品，将原来诸如 0.49 美元、0.79 美元、0.98 美元、1.49 美元以及 1.98 美元的价格改为 0.50 美元、0.80 美元、1.00 美元、1.50 美元、2.00 美元。这么做的目的就是为了验证所谓的“尾数定价法”的有效性。但是，实验的结果却根本无法总结出普遍性的规律。将尾数定价调整为整数定价后，有些商品开始滞销，有些商品反而卖得更快。总体而言，在这次实验中，销量变好的商品带来的盈利基本平衡了销量变差的商品所造成的损失。也就是说，尾数定价并没有产生我们想象中的神奇效应，定价方式的改变对部分商品造成了两个不同方向的影响，但并未影响到整体的盈利状况。

既然尾数定价不是为了微妙地让顾客获得便宜感而出现的，那么，真相到底是什么呢？

原来，收银机出现后，顾客结账就要走到收银处。商店为了减少顾客的空间能耗，要求雇员担任导购员，替顾客将钱拿到收银处结算，然后将找零的钱送还给顾客。如果商品的定价都是整数，一些不够诚实的导购员就有可能不把货款交到收银机处，而是把全款用于“赞助”自己的腰包。改为尾数定价后，每一件商品都必须找零给顾客，导购员迫于顾客自发性的监督，就不敢中饱私囊了。所以，尾数定价的真相是商店致力于减少顾客的空间能耗而产生的，所谓的拉动总体销量只是事后的一种想象性总结（即“验证性偏见”）罢了。

在先进的互联网移动通信出现之前，很多空间能耗是无法消解的。而基于移动互联网的诸多应用，则为消解空间能耗提供了极大的可能。

英国一位 16 岁少年亚当・格林伍德（Adam Greenwood）令人啼笑皆非的遭遇生动地证明了这一点：①

亚当搭乘维珍火车（Virgin Trains）从伦敦出发去格拉斯哥，途中便意袭来，如厕解决后才发现火车上的厕所里没有提供卫生纸。这显然是一个大难题。亚当本人被困在厕所里，无法通过空间的移动去获取卫生纸。但幸好他身边还有手机。于是，亚当在 Twitter 上发了一条状态：“我刚刚在维珍火车上大号没有卫生纸，请帮帮我。”并给出自己的车次，然后“@”了维珍火车的官方账号。

没想到，两分钟后，维珍火车就回复了他，问他在哪个车厢？亚当回应了一个简单的“J”。很快，J 车厢所属的服务人员就拿着卫生纸解救了亚当。

亚当能够“足不出户”地突破空间的限制，得益于移动互联技术应用对于空间能耗的颠覆性消解。这样的应用已经日益成为商业竞逐中的常态。

赫兹公司（Hertz）是全球最大的通用机场汽车租赁公司，在 150 个国家拥有 10 900 个门店。赫兹公司为搭乘飞机的乘客提供到站后从机场离开的租车服务。此前，乘客在机场降落后，必须自己拿着大包小包，想方设法找到赫兹公司的柜台。这意味着大量而艰难的空间移动。然后，乘客要将自

① 资料来源：http：//bschool.hexun.com/2015-04-09/174799718.html。

己的身份证件和信用卡交给店员，填写一大堆表格，逐一签字后，才算是办完了租车手续。然后，等待乘客的是另一段东拐西转寻找已租用车辆的空间移动路程。对此有过体验的顾客，一定会对这极大的空间能耗心怀怨言。

但是，赫兹公司的移动应用 App 全然改变了乘客的能耗结构。飞机落地后，乘客一打开自己的智能手机，赫兹公司的 App 就获悉了乘客到站的信息，随即在客户订车信息与闲置车辆之间展开最优化的匹配。同时，App 在获取了乘客的地理位置信息后，通过机场地图导航，引导乘客便利地来到赫兹的柜台，并找到自己所租车辆的所在地。当然，那一堆繁琐的表格也无须在店里完成了，所有的选择性操作都可以通过智能手机在线完成。乘客由此找到了最便捷的行程路线，再也不用走多余的冤枉路了。

地理位置对于商业模式成本的重要性最典型的体现在选址上。无论是麦当劳还是星巴克，如果无法通过精准的选址，天然地削减顾客的空间能耗，是绝不可能取得全球范围内的极大成功的。

星巴克一般会选择在商场、办公楼、高档住宅区这些天然汇集人气、聚集人流的地方开店。同时，也会选择那些具备巨大发展潜力的地点。星巴克内部拥有一个被称为 Atlas 的内部绘图和商务智能平台。每当要开新店的时候，市场调查人员就把实地测量或访谈而来的各项参数设计放入 Atlas 的决策模型中，就能得到较为明确的决策建议。①

在印度孟买，有一个类似中国快递员的特殊群体，被称为“达巴瓦拉”（Dabbawala）。达巴瓦拉共有 5000 人左右，其职责就是为上班族送饭，将他们的家人烹制的热腾腾的午饭送到工作场所。达巴瓦拉们在不经意间创造出了一个商业奇迹。②

---

① 资料来源：http：//www.managershare.com/post/161601。
② 资料来源：http：//36kr.com/p/5043619.html。

达巴瓦拉的差错率只有六百万分之一，完全超越了六西格玛的要求，这令很多高科技的世界500强企业也难以望其项背。2001年，达巴瓦拉还通过了ISO 9001质量管理体系的认证。但是，令人讶异不已的是，创造这一奇迹的达巴瓦拉竟然大多是半文盲，他们的递送方式是步行、自行车、市内火车等的组合。他们没有智能手机，递送过程中也不开具任何可资参考的书面单据，只是凭借口头交流和大脑记忆。他们是如何做到的呢？

很重要的一个因素就是孟买的城市地理特征，为达巴瓦拉的良好运营提供了支撑。

孟买是一个狭长型的城市，其北部城郊为居住区、南部的中心地带是办公和商业区。达巴瓦拉的任务就是在这两个功能划分明确的区域之间配送午餐。这样近乎两点一线的空间布局，省却了在其他城市中常见的复杂穿行的能耗。联接这两大区域的是孟买的铁路系统。达巴瓦拉由此得以将各个火车站点作为餐盒集散地，对相关区域形成低能耗的配送辐射。换作任何其他的功能区块复杂、缺乏便利的辐射点的城市，都很难达到达巴瓦拉那样高到惊人的效率以及低到惊人的差错率。

最后，我们也要看到，心理认知对于空间能耗的影响。

美国的休斯敦机场曾经接到乘客的大量投诉，抱怨下机后提取行李等待时间过长。机场为了缓解乘客不满，雇用了更多的员工，增加处理行李的人手，将乘客的平均等待时间降到了8分钟。但是，乘客的投诉并未如期减少。

机场随后认识到仅靠增加人手并不能根治这一问题，于是采用了截然不同的思路。他们将行李提取处转移到了距离抵达出口很远的地方。这样，乘客在到达行李传送带之前要比之前走更远的路，这就消耗掉了大部分的等待时间。等他们走到行李传送带后，感觉很快就拿到了行李。顾客的满意度随之大增，投诉量明显下降了。

但事实上，机场的行李处理时间还是 8 分钟，只不过乘客花了其中的 6 分钟用于走路，而剩下的 2 分钟才用于等待。在这个案例中，乘客的空间能耗相较于此前，实际上是增加的，而总的时间能耗也没有减少，但是，在心理因素的作用下，乘客所感受到的综合能耗却是大大降低了。

根据一项社会心理学调查，人们通常会高估自己的等待时间，高估的幅度大约为 36%。套用上述休斯敦机场的例子，如果乘客等待 8 分钟，就会觉得自己等待了 10.88 分钟，而等待 2 分钟，乘客觉得自己是等待了 2.72 分钟。两者之差为 8.16 分钟，几乎等同于原来的实际等待时间，难怪综合考量之下，尽管空间能耗增加，但乘客还是会觉得非常满意。

在这里，我们再对时间能耗做一点补充。在顾客使用产品或接受服务的流程时间中，如果他的体验感不好或不够好，顾客就会倾向于高估时间长度。因为，快乐的时光总是短暂的，而痛苦的时光则是漫长的。这种时间相对论对于顾客的时间能耗的估量的影响非常之大。

价格能耗

价格能耗是指消费者为了获得产品或服务而支付的货币代价。

价格是用金钱的数量来表示的，相较于其他的五个维度，其直观性和可计量性是最容易比对衡量的因素。根据人类普遍的易得性直觉，价格也就成了商业模式的能耗解构中最重要的维度。但必须特别提及的是，在消费升级的当下，价格能耗已经不是唯一的重要维度了。

对于顾客来说，花钱，尤其是花超过自身承受能力的钱，会带来心理上的痛苦感。这就产生了能耗。这个关联是如何建立起来的呢？

我们可以通过几个立意为“金钱的象征力量”的心理学实验中来确证这

一点。[①②]

这几个实验的结果被发表在权威的《心理科学》（*Psychological Science*）期刊上，其作者是中国中山大学的周欣悦博士、美国明尼苏达大学的凯瑟林·沃斯（Kathleen Vohs）博士和美国佛罗里达州立大学的罗伊·鲍迈斯特（Roy Baumeister）博士。

研究者在中山大学内招募了84名大学生参与实验，他们被分为两组。其中，实验组被要求点数80张大面额纸币，对照组则被要求点数80张白纸。数完之后，所有参与者又参与了在网上和其他玩家一起玩一个接球和传球的电脑游戏。这个游戏的设定是，在经过10次传球之后，只有半数的参与者能接到球，而另一半的参与者却再也接不到球了。这两类参与者的分布是完全随机的，与他们此前点数纸币或白纸没有相关性。这是对于社会排斥现象的一种实验室模拟，再也接不到球的参与者等于是被社交活动排除在外了。很显然，遭遇社会排斥会给人带来内心的痛苦感。

游戏结束之后，研究者在对那些10次传球后再也没能接到球的参与者（即被排斥者）进行心理焦虑及其强度的测试。结果发现，那些数过大钱的被试的焦虑水平比那些仅仅数过白纸的人要低得多。这说明了，数钱能够给被试带来更强的精神力量和自我满足感。

在另一个实验中，两组分别数钱和数纸的参与者则被要求参与痛感体验。其中一半的被试被要求将手浸入较为温热的水中（中度疼痛），而另一半的被试则被要求将手浸入热水里（高度疼痛）。结果显示，那些之前曾数过钱的参与者所报告的痛感较轻。也就是说，数钱这个动作可以影响一个人内在的疼痛体验，可以有效地同时减轻身心两方面的疼痛感。

---

① 资料来源：http：//blog.sina.com.cn/s/blog_4aafe3cf0102e09e.htm。
② 资料来源：http：//www.ebiotrade.com/newsf/2009-6/2009630170145947.htm。

研究者还做了其他实验，他们还发现，一个人仅仅是想到自己花掉的钱，也会加重他的社会焦虑感。

这个结论对我们来说非常重要，因为这意味着金钱可以直接影响消费者的能耗感。

对于上述实验结论，著名的《自然》（*Nature*）杂志给予了充分肯定，并在其网站首页上进行了特别报道。美国杜克大学行为经济学家、畅销书《怪诞行为学》（*The Upside of Irrationality*）的作者丹·艾瑞里（Dan Airely）对此也评论道："金钱可以帮助人们重新获得控制感。"

艾瑞里的意思是获得金钱可以帮助人们获得控制感，那么，当人们为了消费而支付金钱的时候，自然也就失去了某种程度的控制感，这也表明了消费者综合能量的损耗。

日本经营四圣之一的松下幸之助在长期的经营过程中领会到了低价之妙，提出了自己的自来水哲学，即"把大众需要的东西，变得像自来水一样便宜"。松下幸之助认为，在为客户提供价廉物美的产品和服务的同时，自己的公司也会得到长足的发展和丰富的利润回报。

依靠"天天低价"策略开创了沃尔玛全球霸业的创始人山姆·沃尔顿（Sam Walton）也直言不讳地点出低价的精髓："降价可提升销量，使得以更便宜的零售价卖出远比更高价卖出赚得多，即薄利多销。"

低价意味着消费者的低能耗。倾向于低能耗购物的消费者是很容易被低价打动的，价格战也由此成为商业博弈中最常见、也最有效的强力手段。

但就像沃尔玛这样以低价立足成名的价格杀手，也难免被更擅长低价的竞争对手击败。

这家用更低的价格能耗力压巨头沃尔玛的公司就是德国的阿尔迪超市

（ALDI）。

“阿尔迪”这个名称是由创始人阿尔布莱希特（Albrecht）兄弟的姓氏和廉价（Discount）这两个单词的各两个首字母组成的。在德国，阿尔迪连锁超市被称为“穷人店”，就是因为它里面的商品价格便宜得连最穷的人都能购买，以至于在经济最低迷的时期，阿尔迪连锁店依旧门庭若市。

沃尔玛曾经于1997年进军德国，但在与阿尔迪的竞争中始终落于下风。2006年，沃尔玛不得不黯然退出德国市场。①②

阿尔迪超市降低顾客价格能耗的主要措施是严格控制商品种类。

沃尔玛一家店里有近1.5万种商品，家乐福也有近1.2万种商品，而一家标准的阿尔迪超市只有不超过700种的商品。精挑细选后，供应的品种越少，占据的空间就越少（空间能耗），顾客的选择时间就更短（时间能耗），单品的销售量就越大，采购量也就越大，从而更能压低商品进价（价格能耗），以至于阿尔迪的每款商品都是超高销量的大爆款。沃尔玛年销售额2000亿欧元，是阿尔迪的6倍，阿尔迪的年销售额仅为330亿欧元。但阿尔迪却是世界上最大的批发采购商，它每年购买的单件商品的总价值超过5000万欧元。相比之下，沃尔玛只有150万欧元，仅为阿尔迪的1/20。

同时，阿尔迪尽一切可能节省开支。比如，它们极少做广告，全年的推广费用仅占总营业额的0.3%；每个超市一般只设两三个收银台，营业员也仅3到5人，人均服务面积超过100平方米。营业员每人都身兼数职，业务繁忙时，集中到收银台结账，闲时轮流理货，清理废弃包装。

在严格控制自身能耗后，阿尔迪给顾客提供了最具性价比的购物选择。顾客在低能耗的驱动下，对阿尔迪的忠诚度极高。阿尔迪通过低价格能耗策

① 资料来源：http：//tj.winshang.com/news-563782.html。
② 资料来源：http：//www.linkshop.com.cn/web/archives/2015/321866.shtml?sf=wd_search。

略击败了沃尔玛等对手，而自身的盈利水平依然十分可观。根据德国食品报统计，阿尔迪每 100 欧元的营业额中含有 2.8 欧元的利润，而竞争对手们每 100 欧元的营业额中，只有 0.8 欧元的利润。

营销界里有一句狠话："没有便宜一分钱打不掉的顾客忠诚度。"这实际上就是对价格能耗的极端重要性的另类诠释。

此外，除了顾客支付的价格数额，支付方式也会对价格能耗产生微妙的影响。我们不妨来看看支付方式的演变。

现代商业中，各种交易中最初使用的是现金。20 世纪初，在美国就有一些石油公司或连锁店开始给一些富有的顾客提供记账卡的服务。这是现代信用卡的萌芽。1949 年，纽约曼哈顿商人麦克纳马拉（McNamara）有一次在一家餐厅吃午餐。结账的时候，他翻遍所有的口袋也没找到钱包。尴尬不堪的麦克纳马拉只能通知妻子赶紧送钱过来救急。

这起高能耗的意外付账事件激发了麦克纳马拉的商业灵感。他觉得，应该有一种支付现金之外的方式，帮助人们更为方便快捷地付账。第二年，他与好友合作投资 1 万美元，在纽约创立了"大莱俱乐部"（Diners Club），这就是大莱信用卡公司的前身，从此，人们可以基于自己的个人信用刷卡而不是用现金来支付消费了。①

使用信用卡时，没有现金的直接流出，而且还账又是延期的，其对消费者造成的肉痛感大大下降，从而使得其带来的价格能耗要大大低于使用现钞，这也是信用卡业务在现代日益繁盛的重要原因。人们在低能耗（低肉痛感）的驱动下，往往更加大胆地花钱。当然，到了集中还账的时候，价格能耗就遽然升高了。但是，消费业已完成，无可撤销。消费者只能自怨自艾了。但

① 资料来源：http：//roll.sohu.com/20140617/n400940854.shtml。

是，到了下一次消费的时候，他们还是会轻易地被信用卡的低能耗诱引，大刷而特刷。

随着互联网应用的迅猛发展，支付方式再一次出现了重大的变化。诸如PayPal、支付宝、微信支付、Apple Pay等各种更加方便快捷的无形支付方式陆续涌现。这些基于智能手机的支付方式，在关联好银行卡之后，其能耗比信用卡还要低，也就使得人们更为忽略消费时的即刻能耗了。

互联网对于商业的重大影响还体现在免费经济的出现上。

免费意味着顾客无须付钱（零价格能耗）就可以得到服务。这是将低价做到极致的体现，其巨大的威力造成了很多行业颠覆性的变化。

比如，杀毒软件行业本来是一个盈利颇丰的行业，但是360公司推出了免费杀毒软件后，一下子干掉了整个行业，所有的杀毒软件只能被迫告别收费模式。360公司也因此迅速席卷了大量被零价格能耗吸引而来的用户，用户数很快达到了数亿。

但是，我们也要看到，从商业的本质来说，零价格能耗只是名义上的零能耗，当价格能耗降低至零时，其他五个能耗因子的竞争反而会更加激烈。

学习能耗

学习能耗是指消费者在购买、使用新产品时需要在行为模式做出重大变化而产生的能量消耗。

著名心理学家史蒂芬·平克（Steven Pinker）在他的著作《心智探奇》（*How the Minds Work*）中写道："你有个人数字助理（PDA），比如苹果牛顿（Apple Newton）。这些掌上设备可以识别手写体，储存电话号码、编辑文本、发送传真、记录日程以及具有许多其他优点。它们是工程设计的杰作，能够让忙碌的生活更有条理。不过，我没有个人数字助理，尽管我是酷爱这些小玩意的。每当我受到诱惑打算购买一个时，以下四个理由都会打消了我的念头：第一，它们太笨重；第二，它们需要电池；第三，它们需要花时间学习如何使用；第四，它们的复杂设计使简单的任务变得缓慢而烦琐，比如查找电话号码。我用一个笔记本和一支钢笔就搞定了。”

在智能手机横行的今天，很多人已经根本不知道所谓的“个人数字助理”到底是什么东西了。平克所提及的苹果公司生产的 PDA 产品牛顿，实际上就是 iPad 的前身。当然，牛顿当时还不能联网，其功能也远远没有现在的 iPad 那么丰富。从平克给出的四点理由可以看出，个人数字助理是一项能耗很高的硬件产品。其中第一、二、三条理由主要可以划归为时间能耗和空间能耗。而第三条所称的“它们需要花时间学习如何使用”则是非常典型的学习能耗。

平克早就习惯了用纸和笔来完成个人数字助理所能完成的任务，如果换用个人数字助理，则必须从头学起。20 多年前，人们对于科技产品的陌生感远胜今日，学习新的操作技能的压力对于即便是平克这样的聪明人也是巨大的。所以，平克还是畏难而退了。

一直以来，高科技产品似乎有一种“拒人于千里之外”的特性，让人产生学习阻碍。苹果公司的著名设计师乔纳森·艾夫（Jonathan Ive）在设计 iMac 这款推出后被称为“可以舔的”电脑的时候，是这样思考的：“当时，人们对科技并不‘感冒’。当你畏惧一样东西的时候，你不会去触碰它。我就看到我妈妈不敢碰计算机。所以，我就想，如果它上面有个提手，就能使一种关系变为可能。它是易于接近的，是与生俱来的，它允许你去触摸它。”

事实上，人类大脑的学习能力是很强的。这是由大脑神经的可塑性决定的。

商业科技观察者尼古拉斯·卡尔（Nicholas Carr）在《浅薄》（*The Shallows*）一书中对神经可塑性做了描述："几乎我们所有的神经回路都是可以被改变的。随着年龄日增，这种可塑性会日渐下降，但永远不会消失——大脑绝不会因此而止步不前。我们的神经元总是在推陈出新，打破旧联接，建立新联接，并且全新的神经元细胞也总是在不停地生长出来。"

神经可塑性是人类学习机制得以存在的基础。但是，尽管人类的大脑存在着高度的可塑性，随着时间的增加，大脑中的沟回会越来越深，从而使得旧有的相关行为变得越来越牢固，这就是习惯。而要通过重新训练来改变这些已经变成习惯的行为就会越困难。

正因为学习是对于行为惯性的否定与对抗，随之产生的能耗也是巨大的。任何一项新产品或新服务，如果不能有效地降低用户的学习能耗，其市场前景很可能暗淡无光。

2013年9月，亚马逊推出了新的平板电脑Kindle Fire HDX。这一平板电脑附带了一项叫作"Mayday"的新功能。

在航空无线电通信中，"Mayday"代表着最紧急的呼叫。使用Mayday作为求救信号始于1923年。当时有一位叫作费德里克（Frederic）的英国人在机场担任高级无线电职员。机场要求他提出一个简单明了的词语，作为紧急求救信号。因为当时的航班多数往来巴黎，费德里克选取了法文中意为"求救"的"m'aider"一词。这个词正好与英文单词"Mayday"谐音。由于这个发音在无线电中非常清晰，容易辨别，后来就成为全球通用的紧急呼救代号。为了避免产生误会，航空业约定用连喊三次"Mayday"来表示最紧急的呼叫。

明白了"Mayday"的含义，我们也就清楚了亚马逊推出这项服务的用意。用亚马逊CEO贝佐斯的话来说就是："只需一键点击，亚马逊的专家就会出现在你的 Fire HDX 上，通过在屏幕上画指示箭头的方式来帮助你了解各种功能，指导你如何完成操作，或者以远程控制的方式直接替你解决问题。无论哪种方式都能为你提供最好的服务。”[①]

当用户在使用平板电脑的过程中遇到困难时，只要点击“Mayday”键，亚马逊的技术服务人员就会出现在小小的视频窗口中，顾客可以得到面对面实时聊天以及视频画面直接指导的服务。这相比于无处求救或惯常的拨打厂商的语音电话的学习能耗要低得多。

贝佐斯之所以要推出这项服务，是出于对人们无法充分利用 Kindle Fire 大部分功能的担心。他说：“对许多人来说，这些设备已经变得够复杂了，有时候我们按照自己想要的方式将设备开发出来，然后却懒得摆弄它们。一些设置甚至功能，你每隔几个月只会用一次，都不记得要怎样用了。所以，设备的技术支持是很重要的。”[②]

再以我们前面提到过的互联网支付方式——支付宝为例，来看看学习一种新的技能，对于某些顾客来说是何等地痛苦。

支付宝在 2014 年的“双十二节”时搞了一场全国性力度很大的促销活动，以吸引更多的用户在日常消费中使用支付宝。在全国多座城市，顾客凡是在一些大型超市购物时使用支付宝钱包付款，就可以享受全场五折优惠。尽管优惠额度是 50 元封顶，但这急剧下降的价格能耗，对于那些连便宜一两毛钱都趋之若鹜排长队的大伯大妈们的诱惑力是极其巨大的。但问题是，这些年龄偏大的顾客，手机里根本就没有下载安装支付宝的 App，哪里谈得上如何使用呢？不过，他们绝对不愿意坐失这个凭空而降的优惠良机。于是，在当天的超市里，这些顾客在完成购物后，在收银台请求收银员帮助下载支付

① 资料来源：http：//mobile.163.com/13/0926/11/99MNSVE40011671M.html。
② 资料来源：http：//money.163.com/13/0929/17/99V5UDH600253B0H.html。

宝 App、绑定银行卡的场景频频出现，以至于耗费了大量的结账时间，付款长队经久不息，抱怨声此起彼伏，甚至有些人不堪等待，最终放弃了已经完成了的购物。

学习能耗很大程度上源自认知障碍。而认知障碍不仅仅是由于新技术导致的，过多的选择也会产生很大的学习能耗。

乔布斯刚刚回归苹果公司的时候，就对公司庞大复杂的产品线非常苦恼。光是麦金塔电脑就有很多个型号，每个型号都有不同的、让人困惑的编号，从 1400 到 9600，连内部的工程师都很难搞清楚这些不同型号的电脑之间到底有什么区别。乔布斯提出了一个简明扼要的问题："我应该让我的朋友们买哪些呢？"

这个问题最终导致了做出了一个堪称典范的决策。他大刀阔斧地砍掉不同的型号和产品，并给出一个只有四类产品的矩阵，纵向是"消费级"（面对大众）和"专业级"（面对专业设计人员），横向是"台式机"和"便携式"（手提电脑）。于是，苹果公司变得只专注于四个产品，分别是专业级台式电脑 Power Macintosh G3、专业级手提电脑 PowerBook G3、消费级台式电脑 iMac 和消费级手提电脑 iBook。

用户的选择能耗（学习能耗）大大下降了，他们可以简洁明了地选定适合自己的型号。这一产品策略对于乔布斯从悬崖边缘挽救苹果起到了重要的支撑作用。

智能手机厂商小米最初也模仿了苹果的这种低学习能耗的产品策略，在一段时间内专注于一款手机，但后来却又陷入了机海战术，企图用红米 note、小米 note、小米 4c、小米青春版、小米 Max 等一系列令人眼花缭乱的机型占据更大的市场，但效果却适得其反。

总而言之，学习能耗包括商业模式在与用户接触的所有环节的认知能耗

（推动用户获悉、了解、尝试的营销过程以及用户使用具体产品或服务的体验过程）。

安全能耗

安全能耗是指消费者因为担心产品或服务对自己的隐私、资金和人身安全等可能造成伤害而产生的能量消耗。

根据《子宫理论》（*Womb Theory*）一书的观点，安全感是人类的根需求、元需求。一个新产品如果不能给予消费者足够的安全感，是很难取得成功的。

世界上第一台安全电梯是美国人伊莱沙·格雷夫斯·奥的斯（Elisha Graves Otis）发明的。电梯能够极大地消解时间能耗与空间能耗。以现在的体验来看，如果没有电梯，我们在高楼大厦里的工作与生活是不可想象的。但是，当奥的斯第一次推出了他的电梯发明时，这项能够明显降低能耗的产品却引发了广泛的质疑。人们十分担心自己走进这个铁笼子后就有去无回。奥的斯绞尽脑汁思考让人们接受电梯的办法。后来他决定在 1853 年举行的纽约水晶宫世界博览会上证明电梯的安全性。他站在装满货物的升降梯平台上，命令助手将平台提升到观众都能看得到的高度，然后发出信号，让助手用利斧砍断了升降梯的提拉缆绳。就在观众惊慌失措之际，升降梯并没有坠毁，而是稳稳地悬停在半空。“一切安全，先生们。”站在升降梯平台上的奥的斯先生向周围观看的人们挥手致意。

奥的斯就是用这样一个充满智慧的行为秀消除了人们的安全顾忌，电梯这种为现代生活提供了无限便利的产品才得以普及开来。在这次展示之后，奥的斯电梯的销售量大幅上升，1854 年销售了 7 部，1855 年销售了 15 部。①

---

① 资料来源：https：//www.douban.com/note/279145803。

最新涌现的共享经济引发了商业模式的重大变革，但当人们参与共享时，却不可避免地涉及安全问题。

Airbnb 是共享经济的旗帜性企业之一，专攻私人住宅短期租住业务，鼓励人们把自己空余的房间或者房子拿出来做非常灵活的出租。Airbnb 自己没有一间房，每年却可以为 1100 万人次提供住所。2013 年，他们的营业额就已经超过了 2.5 亿美元。

在 2011 年时，Airbnb 发生过一起房客将房东的家洗劫一空的恶性事件。当时，Airbnb 反应迟钝，最终引发了广泛质疑的轩然大波。Airbnb 不得不亡羊补牢，其 CEO 布莱恩·切斯基（Brian Chesky）公开道歉，并宣布了一系列的安全防范措施。防范措施包括：提供 5 万美元的 Airbnb 保证金，任何房主的财产，如果是由于在 Airbnb 上出租导致的人为损坏或被偷窃，Airbnb 将提供最高 5 万美元的赔偿；提供 24 小时客户支持热线，增加客户支持员工的人数；升级用户的个人档案认证，增加个人租房历史，如果一个用户的手机号已经过认证，Airbnb 账户与 Facebook 账户联接，其他用户对他的评论无论是好评还是差评都可以被看到。

这些举措旨在挽回用户对 Airbnb 模式的信任感，否则一旦形成了不信任的舆论雷暴，Airbnb 的模式在其他方面再节省能耗，也可能因为安全能耗的高企而被用户一票否决。

Airbnb 为了确保用户安全，对于在平台上注册的房东和房客设立了严格的身份审查流程。用户不但要提供身份证、护照、社会保障号码等现实生活中的证明，还要提供社交媒体上的账号（如 Facebook、Linkedin 等）。如果社交媒体上的朋友（粉丝）少于 100 人，很可能就会被 Airbnb 拒之门外。此外，用户还需要提供电话及电子邮箱，这才算是完成了身份核验的流程。Airbnb 的中国学徒小猪短租在安全性保障方面也是煞费苦心。小猪短租要求房东和房客全部实名制登记，身份证、手机号、银行卡这三项核心信息全部都要注册。小猪短租的平台还直接对接公安部下属的国政通，如果房客有什么问题，系统中立即会显现出来，以便公司及时采取防范措施。同时，小猪短租还为房东提供了财产保险，为房客提供了人身保险。

安全问题也是另一家共享经济标杆企业优步所关心的重中之重。在优步官方网站上就有一个页面是专门谈论乘客和车主的安全（https：//www.uber.com.cn/safety/），上面写着：安全乘车让城市更安全，我们为路上的每一个人坚持不懈地服务。

这家力推以私家车来帮助乘客解决出行难题的公司，其业务已推广至全球50多个国家、400多座城市。在来到中国之初，优步曾经遭受过一次另类的竞争攻击。

另一家经营专车出租的企业神州租车，将优步视为最可怕的潜在对手，于是邀请了一些知名人物，推出了一系列针对安全性的攻击广告（意在增加对手的安全能耗）。其广告词包括：[①]

“毒驾，酒驾，罪驾！1%的风险，100%的伤害。别让自己成为黑车司机的马路游戏。”

“我爱第一，我怕万一。怕家人受伤害，怕隐私被买卖；切记！你的电话要保密。”

“搭私家车，聊天熟得像家人，出意外就变陌生人。私车理赔难，别自找麻烦！”

“人员参差不齐，车辆新旧不一，90%的司机，不懂得如何避险。私家车，你们能为人民的安全负责？”

① 资料来源：http：//auto.sohu.com/20150625/n415650864.shtml。

神州租车的这一举措，引发了广泛的非议。但我们从中也确实可以看到，诸如优步这样的私家车出行共享的商业模式所存在的安全隐患。为了削减安全能耗，优步推出了一系列的安全强化措施。比如，在中国专门制定了《优步中国安全保障体系》。在全球的其他国家也推出了一系列安保措施。比如，运用人体识别技术和语音识别技术对司机的背景进行调查和筛选；优步印度在软件中内置了一个“Panic”的按钮，用户在紧急情况下按下它后，当地警察立刻就会接到报警。优步还推出一个“安全网”功能，可以将自己的乘车路线等信息，告知最多五个亲朋好友。优步还与一家名为 Safetipin 的公司合作，在印度市场推出了类似于谷歌街景那样的街头安全数据采集的服务。[①]

如果不能尽可能地将安全能耗降低，优步、Airbnb 这类的共享经济模式是很难持续壮大的。但尽管这些企业费尽心机，安全事件还是有可能出现。例如，住在广州市番禺区的一名女子深夜通过“滴滴打车”软件约车，不料却惨遭司机强奸。这个不良司机后来被判处三年零三个月的有期徒刑。这类恶性事件虽然是概率极低的偶发事件，而且在传统的出租车行业也不是完全没有，但由于出行共享行业是新生事物，人们对其还有一个学习能耗的衡量，所以这类事件的影响是极其恶劣的，会极大地增加用户的安全能耗。[②]

我们再来看看资金方面的安全能耗。

互联网技术在给金融体系带来极大便利的同时，也带来了极大的不安全性。当手机中的应用越来越多、绑定的服务也越来越多时，个人信息的失密风险也越来越高。北京的一位许先生就因一条短信而被骗走了所有的财产。[③]

许先生在下班路上收到一条中国移动 10086 发来的短信，提示他开通了某杂志半年的手机报服务，在许先生回复退订无效后，又收到一条类似于官

① 资料来源：http：//mobile.163.com/15/0227/05/AJEHK5SO0011309K.html。
② 资料来源：http：//www.gd.xinhuanet.com/newscenter/2016-04/09/c_1118575205.htm。
③ 资料来源：http：//epaper.qlwb.com.cn/qlwb/content/20160427/ArticelA14002FM.htm。

方号码发来的退订需输入“取消+验证码”的短信和10086发来的USIM验证码短信。为了退订业务，许先生没多想就回复了6位验证码。之后，手机的SIM卡就一直处于无服务状态。

这其实是骗子精心设下的局。许先生的号码订了增值业务是真的，10086第一次发来的退订信息和验证码也是真的，但都是骗子攻破了中国移动网站的登录密码后提出的业务请求。那条输入“取消+验证码”的短信则是假的，这时骗子正在远程申请SIM卡业务的“备卡激活”，短信验证码就是确认换卡的关键步骤。

根据中国移动的内部查证，2016年4月8日17：54，有人通过海南海口的一个IP地址，以许先生的手机号成功登录了北京移动官方网站，不仅发起了手机报订阅，还在18：13成功办理了一项名为“自助换卡”的业务。然后，发“退订”短信，制造验证码假象。骗子在攻破移动网站的登录密码后，给许先生订阅了“手机报”，并发了所谓“取消+验证码”的退订信息。这么做一是通过手机欠费让受害者产生担心心理；二是制造“退订”时需要“验证码”的假象。

最后，启动换卡流程，“退订”变“换卡”。套取验证码是本次骗术的关键所在，骗局的核心就是“自助换卡”。骗子在登录中国移动官网后发起了“自助换卡”业务。这是中国移动推出的一项在线服务，用户不必跑营业厅，直接通过在官方网站操作就可更换4G手机卡。新卡立即生效，旧卡同时作废。这本来是用于节省用户的时间能耗与空间能耗的，最终却带来了极大的安全能耗。

信息安全专家把此类电信诈骗称作“补卡攻击”。据了解，这种“白卡”和领取人的手机号没有绑定关系，因而领取后可以写入任何手机号，不仅可以免费从官方途径获得，甚至在淘宝等网站上有人公开售卖。这就意味着，攻击者要“劫持”许先生的手机卡，只需要以许先生的手机号成功登录中国移动网上营业厅，并骗到那个没有任何提示说明的6位验证码，剩下的条件都可以轻易获取，不需要任何身份验证。

自助换卡时系统会向用户发一个二次确认的验证码。这个验证码可以直接把之前手机的SIM卡废掉，原来的号码将会转移到另一张SIM卡。这是这个骗局设局的关键，诈骗分子制造“退订”假象，就是要拿到这张新SIM卡。

而许先生收到的这条来自10086系统自动发出的验证码，并未说明用途，也没有对验证码的泄露风险进行安全提示。骗子正是在这个绝大多数用户不清楚的“信息盲点”上做文章，“嫁接”起了两项中国移动的官方业务，编造了整个骗局的“剧本”。在接下来的几个小时里，骗子利用许先生的SIM卡接收短信验证码，相继攻破他的网易邮箱、支付宝及网银，并为用户绑定了百度钱包，盗取其资金。许先生就这样损失了他所有的财产。

互联网金融未来要想成为最基础的应用，就必须在这场安全能耗大战取得主导权。

此外，其他一些前沿新技术的应用，特别是医学类的，也会给人们造成很大的安全能耗。比如，正在紧锣密鼓筹备中的全球第一例换头术。①②

2015年2月，意大利都灵高级神经调节小组的神经外科专家塞尔吉奥•卡纳维洛（Sergio Canavero）宣布，将在两年内完成史上第一次人体头部移植。这项以往只存在于神话传说中的奇技，虽然引发了全球的好奇心，但更多的却是激发了人们的恐惧心。试问，即便技术上真的没问题，谁又敢成为一个接受手术的人呢？

事实上，卡纳维洛为了第一个愿意接受换头术的病人等了很久，直到

① 资料来源：http：//hzdaily.hangzhou.com.cn/dskb/html/2015-04/10/content_1933608.htm。
② 资料来源：http：//www.qikan.com.cn/article/dycj20161915.html。

30 岁的俄罗斯计算机科学家瓦雷里·斯皮里多诺夫的出现。斯皮里多诺夫从小患先天性肌肉萎缩症，每年身体情况都会恶化。他不堪忍受病痛的折磨，想在离开这个世界之前，拥有一个健康的身体。所以，他准备接受头部移植手术，把自己的头颅移植到一位脑死亡病人捐赠的健康的身体上。斯皮里多诺夫说："我害怕吗？我当然害怕。但这不只是令人害怕，同时，这也很有趣。你要知道，实际上，我的选择很少。如果不试一试这个机会，我的前途将非常黯淡。"

斯皮里多诺夫非常清楚这种手术的风险，但是，他觉得自己无法活得更长久，以至于可以等别人成功了再去做这种手术。所以，他这才做出了这个骇人却勇敢的决定。

但是，尽管斯皮里多诺夫信誓旦旦说自己不会改变主意，但《印度时报》（*The Time of India*）的最新消息却披露，病人换人了，已经从斯皮里多诺夫换成了一位中国人。

这是一个关于安全能耗最典型的例子。在巨大的风险面前，哪怕是为了挽回生命的最后机会，还是有人会退缩，改变主意。由此再回观商业领域，我们需要更加重视安全能耗可能给商业模式带来的致命打击。

关联能耗

关联能耗是指商业模式中内外部各种关联因素造成的能量消耗。

这些关联因素往往是间接的，或者看似无关紧要，但却会对商业模式能否持续健康运营产生重大影响。

宜家家居公司是全球最大的家居用品零售商，在 38 个国家和地区拥有 300 多家商店，2014 财年其全球销售额为 287 亿欧元（接近 2000 亿元人民币）。

宜家如此骄人的销售业绩是如何创造出来的呢？

除了产品、价格等正常因素之外，还存在一个关联因素，也就是宜家的餐厅。宜家选址一般都在远离城市中心的偏远地带。对于来宜家购物的顾客来说，要方便快捷地解决就餐问题并不容易。宜家的创始人英格瓦·坎普拉德（Ingvar Kamprad）秉承“饿着肚子促不成好生意”的理念，在卖场里推出了餐厅服务。这项服务有效地挽留了顾客，让顾客在宜家卖场停留更多的时间，从而推动了整体业绩。

2015 财年，宜家中国的访客达到了 7500 万人次，这其中有 3100 万名顾客在宜家餐厅就餐，并贡献了 10 亿元人民币的消费额。这部分销售额竟然占到了宜家中国 2015 财年整体销售额 105 亿元的 10% 左右！由此可见，宜家餐厅看似与主业没有多大关系，但要是缺少了这个关联因素，且不说宜家无法获得丰厚的餐饮收入，高达 41.3% 的顾客也有可能为了解决吃饭问题而提前离场，从而直接影响主营业务的收入。①

宜家在卖场中顾客的必经之路上设置餐厅的做法与现代的购物中心 Shoping Mall 中吃喝玩乐购混杂布置如出一辙，都是通过极大地减小顾客的关联能耗来增加自身的黏性，延长顾客的停留时间。

2015 年 3 月，苹果公司发布了智能手表 Apple Watch。令中国顾客惊喜的是，Apple Watch 内置了最热火的应用微信。这也是苹果公司第一次在它的新产品中直接内置由中国开发、且为中国消费者普遍使用的应用。

苹果公司的这个举动是一个典型的减少用户关联能耗的措施。本来，对于 Apple Watch 来说，用户如果想使用微信，大可登录苹果的 App Store 自行下载。但是，由于中国市场已经成为苹果的支柱性市场，为了取悦中国庞

① 资料来源：http：//news.163.com/15/1101/03/B7ABNRTV00014AED.html。

大的用户群体，苹果公司主动将微信内置，省去了用户下载的麻烦，极大地减小了用户的能耗。

有时候，一些不可预期的意外事件也会带来关联能耗。

比如，上海淮海西路与华山路交口处的醉美天下餐厅（川菜品牌），因为正好处于地铁 10 号线上海交大站的附近，在地铁站施工期间，整个被圈了起来，这极大地增加了顾客登门的难度。这一事件的发生与醉美天下本身没有任何关系，但却极大地影响到了醉美天下的经营。这也是很典型的一种关联能耗。不过，当醉美大下挺过了修建地铁的两年时间后，紧邻地铁出站口的地理位置却又成了它最大的优势，关联能耗完全消失，反而能够大大削减顾客的时间能耗与空间能耗。

影响最大的关联能耗可能是政府出台的相关行业管理政策。

比如，国家财政部会同海关总署、国家税务总局联合发布了我国跨境电子商务零售进口税收新政策，宣布自 2016 年 4 月 8 日对于海淘商品按照货物征收关税和进口环节增值税、消费税。新税制为跨境电商零售进口商品设定了个人单次交易 2000 元、年度累计交易 20 000 元的限值。交易限值内，关税为 0%，进口环节增值税及消费税按法定纳税额的 70% 计收。交易限额外，按一般贸易全额征税。

这对于依靠免税而骤然兴起的海淘电商是一个沉重的打击。海关对海淘商品收税后，很多从海外代购的商品就立即失去了价格优势。

此前，跨境电商的兴起得益于 2010 年下半年推出的一系列促进电子商务以及跨境电商的政策。2013 年，多个城市成为跨境商务进口服务的试点，多项税收方面的优惠政策为跨境电商带来红利。海淘电商可以利用“保税进、行邮出”的方式——大宗购入海外商品至保税区免税暂存，在网络平台完成销售后，在通过分散的邮包形式发送至消费者——减少了大量税负。但是，在新的政策中，“保税进、行邮出”的模式不再适用，跨境电商零售进口商品须改按“货物”缴纳“关税、进口环节增值税及消费税”，而且，这一环节中增值税及消费税的 50 元免征税额一并取消。这样，消费者购买同样商品就要负担更高的价格。[①]

在这个案例中，政策这一关联因素前期减少了能耗，后期却增加了能耗。身处其中的企业也随之遭遇冰火两重天的不同状况。

商业地产大亨唐纳德·特朗普就任美国总统后，马上颁布了禁止七个穆斯林国家的移民进入美国的“禁穆令”。这一命令在美国引发了轩然大波。受这一事件影响最大的公司就是优步。据《纽约时报》报道，有超过 20 万的优步用户删除了自己的优步账户。这到底是怎么一回事呢？为什么美国总统的一项行政命令会如此之大地影响到一家商业公司的用户选择呢？

这其实也是关联能耗的一个典型表现。

特朗普的命令引发了美国自由派人士的强烈反对。很多公司，特别是硅谷公司的 CEO 纷纷表态反对“禁穆令”，但优步的 CEO 特维斯·卡拉尼克（Travis Kalanick）身为特朗普经济顾问团成员，非但没有表示反对，而且在纽约出租车公会发起在肯尼迪机场停止运营一小时以示抗议的活动时，照常运营，甚至取消了溢价，借机抢占市场份额。这一举措引发了用户的愤慨，一场“删除优步”的活动随即被发起。很多有声望的名人及社会活动家都站出来号召大家删除优步。

这可能是优步自创建以来遭遇的最大一次打击。最后，卡拉尼克不得不宣布立即退出特朗普的顾问团，并立即在硅谷地区推出 2.49 美元拼车、4.99 美元专车的促销活动，通过降低价格能耗，来挽回关联能耗高涨的不良影响。

① 资料来源：http：//finance.qq.com/a/20160411/023329.htm。

关联能耗的表现形态是多种多样，不胜枚举的。比如，美国西南航空公司（Southwest Airlines）所采购的机型全部是波音737。这样，其日常管理、零部件的采购、机械师与飞行员的培训全部可以统一起来，大大节省了成本。而且，当飞机临时出现故障时，统一机型的一个意想不到的好处就发挥出来了。因为机型是一样的，航空公司就无须让乘客重新办理登机手续。乘客们可以用同一张登机牌到另一个登机口登机。这不但节省了航空公司员工的人力物力（即能耗），也节省了乘客的能耗。美国西南航空公司的这个做法被中国的航运企业海丰国际所借鉴。海丰国际采购了统一的船型，大大省去了客户事先必须要考虑不同船型带来的对货物的不同装载要求的烦恼。

一位北京车主在网上发帖称，他在古北水镇自驾游时，通过高德地图导航，寻找“亚翠民俗”农家院却找错了地方。记者经调查后发现，通过高德地图搜索“亚翠民俗”，一共显示了3个目的地，其中距离较远的两个点相距10多公里。三个“亚翠民俗”中，有两个地点上传了照片，而招牌照片却是同一张，让人分不清哪个真哪个假，但可以肯定的是，一定是其中一家农家院“盗用”了真实“亚翠民俗”的照片。像这类被他人假冒，以至于顾客被误导，也属于不确定的关联能耗。

总之，关联能耗可以视为商业模式的兜底能耗，不归入时间能耗、空间能耗、价格能耗、学习能耗、安全能耗的其他能耗都可以归入关联能耗，但这并不是说关联能耗无关紧要。

事实上，能否准确而全面地预判出一个商业模式的关联能耗，是商业经验与商业智慧的综合体现。在某种程度上，关联能耗也是一种隐形能耗。往往只有当相关情境显露的时候，才会发现其中的关联关系。而且，关联能耗有时候甚至会超出商业的本体范畴，而在外延的领域发挥对事关商业模式生死存亡的重要影响。

构建能耗分析模型

将上述时间能耗、空间能耗、价格能耗、学习能耗、安全能耗、关联能耗这六个维度进行整合，我们就可以构建出一个商业模式综合能耗的六轴模型（如图 2–1 所示）。

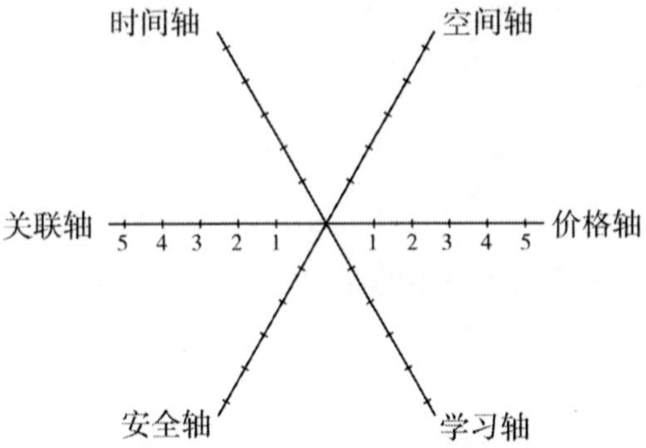

图 2–1　商业模式综合能耗模型

这六轴之间的夹角均为 60 度，每一轴的刻度分为 5 格。如果要确定某个商业模式的能耗，在这六条轴上分别标明不同的能耗量值，然后连点成线，构成一个六边形。这个六边形的面积就可以视为这个商业模式的综合能耗了。

假设有一个理想化的商业模式，其时间能耗、空间能耗、价格能耗、学习能耗、安全能耗、关联能耗的量值均为 3。那么，这一商业模式的综合能耗就如图 2–2 所示。

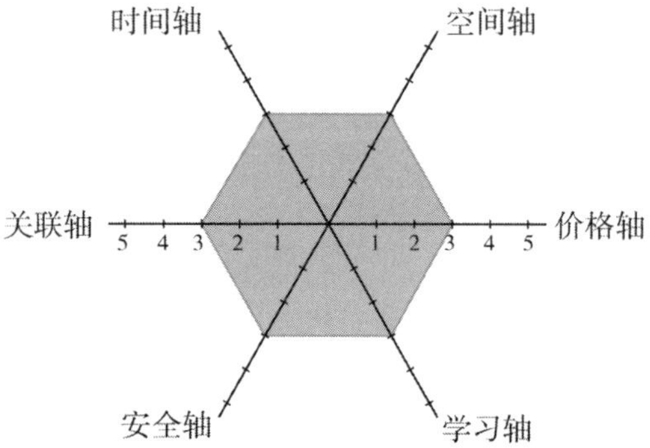

图 2–2 量值为 3 的商业模式综合能耗模型

假设另有一个与之展开竞争的商业模式，采用了免费策略，其价格能耗为 0，而其他五个能耗也均为 3，那么，这一商业模式的综合能耗就如图 2–3 所示。

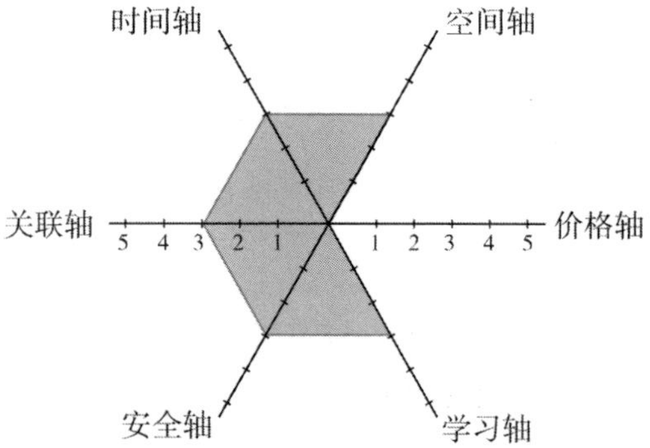

图 2–3 价格能耗为 0 的商业模式综合能耗模型

比较图 2–2 和图 2–3，我们可以很明显地看出这两个竞争性商业模式之间的能耗差。从商业的现实情况来看，采用免费策略的新模式确实对传统商业模式造成了摧枯拉朽般毁灭性的打击。

不过，图 2–2 和图 2–3 是理想化的模型，很容易判断能耗的大小及差别。

但事实上，真实的商业模式的不同能耗轴的量值不可能如此均匀，为了更加精准地判断竞争性商业模式[①]之间以及演变性商业模式[②]之间的能耗差，我们很有必要推导出一个能够量化计算的能耗公式来。

我们首先引入能耗坐标的概念，用（a，b，c，d，e，f）来分别表示时间能耗、空间能耗、价格能耗、学习能耗、安全能耗、关联能耗的量值。

依此，图 2–2 中的商业模式的能耗坐标为（3，3，3，3，3，3），图 2–3 中的商业模式的能耗坐标为（3，3，0，3，3，3）。

因为六边形的面积对应的是整个综合能耗的量值，为了求出这个量值，我们可以将六边形拆解成六个三角形，分别求三角形的面积，然后求出六个三角形面积之和，即为六边形的面积。为便于表述，我们将代表能耗量值的面积单位设定为“安”（A）。

首先以时间轴与空间轴组成的第一个三角形为例，求其面积。已知两轴夹角为 60 度，两条边长为 a 和 b（如图 2–4 所示）。

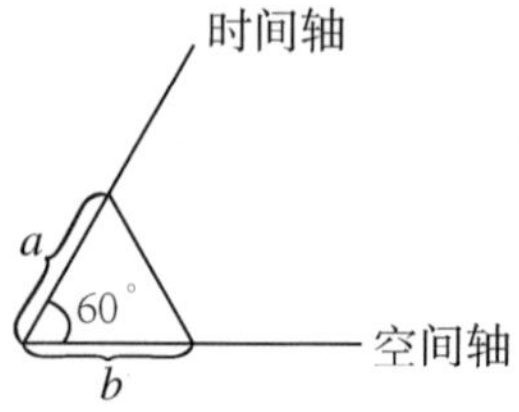

图 2–4　以时间轴与空间轴组成的第一个三角形

故而根据三角函数的基本知识，可以推导出：

① 竞争性商业模式一般指针对同一细分市场的分属不同企业的不同商业模式。
② 演进性商业模式一般指某一企业对自己既有的商业模式进行升级或变革后的新商业模式。

$$
\begin{aligned}
S_1 &= (1/2)\ a \cdot b \cdot \sin 60^\circ \\
&= (1/2)\ (\sqrt{3}/2)\ ab \\
&= (\sqrt{3}/4)\ ab \\
&= 0.43ab
\end{aligned}
$$

从而：

$$
\begin{aligned}
S_{总} &= S_1+S_2+S_3+S_4+S_5+S_6 \\
&= 0.43\ (ab+bc+cd+de+ef+fa)
\end{aligned}
$$

通过这个公式，我们可以很方便地求出图 2-2 中商业模式的综合能耗。

$$
\begin{aligned}
S_{总} &= 0.43\ (3\times3+3\times3+3\times3+3\times3+3\times3+3\times3) \\
&= 0.43\times54 \\
&= 23.22\ (安)
\end{aligned}
$$

同理，图 2-3 中商业模式的综合能耗为：

$$
\begin{aligned}
S_{总} &= 0.43\ (3\times3+3\times0+0\times3+3\times3+3\times3+3\times3) \\
&= 0.43\times36 \\
&= 15.48\ (安)
\end{aligned}
$$

这两个竞争性商业模式的能耗差为：

$$
\begin{aligned}
\triangle S &= 23.22-15.48 \\
&= 7.74\ (安)
\end{aligned}
$$

从消费者的角度，第二个商业模式的能耗比第一个商业模式的能耗小 7.74 安。消费者当然是愿意选择对他来说能耗更低的商业模式的产品。这也符合我们在第一章中着重指出的“商业模式一定是向着节能化方向演进的”结论。

推导出 $S_{总}=0.43\ (ab+bc+cd+de+ef+fa)$ 这样一个计算公式，我们就已经完整地构建了商业模式的能耗分析模型，也就能方便地比较竞争性商业模式之间以及演进性商业模式之间的能耗差，从而有效地判断出什么样的商业模式能够成功、什么样的商业模式能够持续成功。

需要特别指明的是，能耗分析不仅适用于对整个商业模式的分析，也可以只针对商业模式的某一个或某几个关键环节或特殊环节进行。

能耗分析模型的运用

接下来，我们试着运用能耗模型来对真实的商业模式展开分析。

在前文中，我们曾经举过亚马逊推出利用室内 Wi-Fi 联网的购物按钮 Dash 的例子。Dash 购物按钮之于亚马逊网站购物，是一种演进性的商业模式。乍一看去，Dash 按钮在时间能耗上的节省是非常明显的。那么，是不是能够立基于此而得出 Dash 按钮的购物模式将取代亚马逊网站的购物模式的结论呢？

我们用能耗分析模型来对这两种购物模式做一个比较。

商业杂志《快公司》（*Fast Company*）对 Dash 按钮开展了测试，并给出了试用报告。①

这位测试者写道：

在我孩子的卧室里按下 Dash，好奇纸尿裤就会出现在家门口。在浴缸边按下另一个 Dash 按钮，吉列剃须刀就送过来了。有了这个售价 4.99 美元的玩意儿，我就能在每个房间里放上一个 Dash 按钮了；我可以直接在厨房订购垃圾袋，或是在餐桌上直接订购通心粉。

在和 Dash 生活一段时间后，我意识到它们是亚马逊不断融入我们生活的最新举措。亚马逊不再限于设计能让我们保持忠诚的产品和服务，而且要

① 资料来源：http：//digi.163.com/15/0821/18/B1II3FG200162OUT.html。

实现利润最大化。

……

如果我睡在床上时突然觉得很冷，想要喝佳得乐来御寒，于是我按下了佳得乐 Dash 按钮。我会在 48 小时后收到佳得乐。我在 48 小时后还想喝佳得乐吗？到时我还会觉得冷或是能活着喝到佳得乐吗？

亚马逊的许多产品都提供当日送达服务，也许佳得乐也能当日送达。但按下按钮却要在几天后才能得到满足，这让人感觉有点不如想象得那么便利。

当然，我们不会总是在床上订购商品。Dash 按钮的主打产品是剃须刀、洗衣粉和纸尿裤等。这些东西你稍加注意就知道是不是需要补充了。而当你想要补充时，Dash 按钮就在浴缸旁或是婴儿床旁，因此也很方便订购。

不过，可以通过 Dash 在亚马逊订购的产品种类极其有限。这种有限不仅在产品品牌上，还在于产品品牌下的可购买商品品种上。就拿剃须刀来说，我使用吉列锋速 3 剃须刀，但吉列 Dash 想要让我购买锋隐或是锋速 3 突破剃须刀。如果通过亚马逊网站购买吉列锋速 3 剃须刀，我不仅能省钱，还可以选择更多吉列剃须刀品种。此外，我在亚马逊网站上还可以查看商品的单位价格，但 Dash 按钮将这些省钱细节都隐藏了。

Dash 按钮限制了用户的选择，还没法省钱，更不能让用户购买自己经常买的产品。为什么它不能让用户自行设定可以购买哪种商品呢？至少也要能购买某个品牌下的任何商品呀！ Dash 按钮的便利性是以潜在折扣消失为代价。这还不够，你不仅要在家里装上这种带广告的按钮，还要花钱购买 Dash 按钮。

从这位测试者的亲身体验中我们得知，Dash 按钮虽然极大地减少了购买上的时间能耗，但却没有提供当日送达的服务，而是要等待 48 小时才能送货上门。等待送货的时间和空间地理位置有关，归入空间能耗，这使得它在空间能耗与在亚马逊网站上购物大致持平。而 Dash 按钮对于产品品牌、种类、型号的限制则严重剥夺了顾客的选择权，从而增加了安全能耗。通过 Dash 按钮所购物品的价格也比在网站购买贵，缺少折扣冲抵，这表明 Dash 按钮的价格能耗相对较高。

综合上述，我们可以得出 Dash 按钮和亚马逊网站的能耗坐标分别为（0，2，2.5，0，3，1）、（2，2，1，0，1，1），据此可画出这两种购物方式的能耗图（如图 2–5 和图 2–6 所示）。

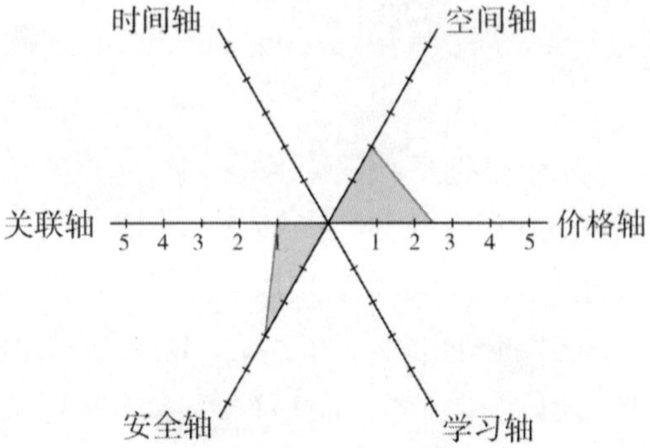

图 2–5 Dash 按钮能耗图

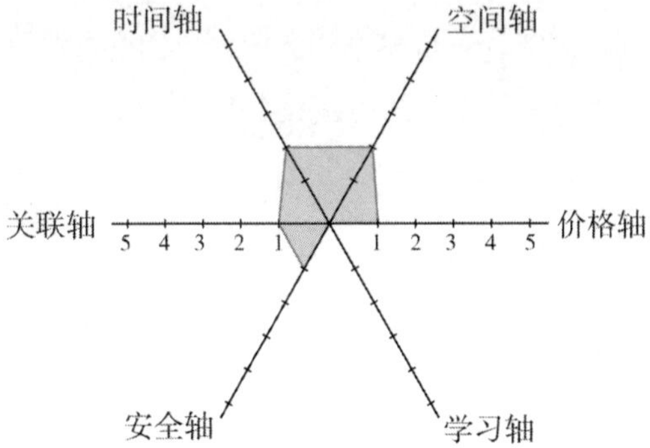

图 2–6 亚马逊网站能耗图

根据能耗计算公式，我们也能得出这两种购物模式的综合能耗值。

$$
\begin{aligned}
S_{总：Dash} &= 0.43（ab+bc+cd+de+ef+fa）\\
&= 0.43（0\times 2+2\times 2.5+2.5\times 0+0\times 3+3\times 1+1\times 0）\\
&= 0.43\times 8\\
&= 3.44（安）
\end{aligned}
$$

$$
\begin{aligned}
S_{总：亚马逊网站} &= 0.43（ab+bc+cd+de+ef+fa）\\
&= 0.43（2\times 2+2\times 1+1\times 0+0\times 1+1\times 1+1\times 2）\\
&= 0.43\times 9\\
&= 3.87（安）
\end{aligned}
$$

$$
\begin{aligned}
\triangle S &- 3.87-3.44\\
&= 0.43（安）
\end{aligned}
$$

从数值来看，这两种购物方式的综合能耗值相差不大，这与我们仅凭第一感觉得出的印象并不相符。Dash 购物按钮看似极为便利，但从综合能耗值来看，并未比网站购物降低多少。事实上，Dash 按钮暂时还只适用于诸如洗衣粉、纸尿裤之类的少数品类，而并不能完全取代亚马逊的网站购物。如果一定要扩延至其他更多的品类，除非想办法削减各项高企的分类能耗，否则其现有的综合能耗必然制约其发展。

为了更明晰地呈现能耗分析模型的应用，我们再将亚马逊网站购物模式与竞争性的商业模式——沃尔玛超市做一个对比分析。

相对于亚马逊网站的能耗坐标（2，2，1，0，1，1），我们可以确定沃尔玛实体超市的能耗坐标为（4，4，2，0，1，1）。其综合能耗如图 2–7 所示。

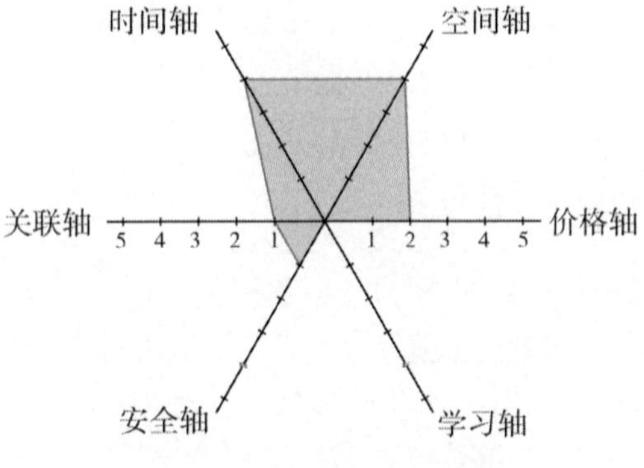

图 2–7　沃尔玛超市的能耗图

根据能耗计算公式：

$$
\begin{aligned}
S_{\text{总：沃尔玛超市}} &= 0.43(ab+bc+cd+de+ef+fa) \\
&= 0.43(4\times4+4\times2+2\times0+0\times1+1\times1+1\times4) \\
&= 04.43\times29 \\
&= 12.47\text{（安）}
\end{aligned}
$$

$$
\begin{aligned}
\triangle S &= 12.47-3.87 \\
&= 8.6\text{（安）}
\end{aligned}
$$

由此可见，去沃尔玛超市的购物能耗远远大于在亚马逊网站购物。这也正是亚马逊购物网站得以突破沃尔玛的商业边界而成为新的商业大鳄的本质原因。

但是，我们还必须注意到一个问题：既然亚马逊网站的这种网购模式的综合能耗远远低于沃尔玛的传统实体店模式，为什么消费者并没有集体性撤离，而让沃尔玛的实体店在很短的时间内变成一座空城呢？

事实上，图 2–6 和图 2–7 的能耗比较是建立在这两种购物模式的深度用户的基础上的。对于深度用户来说，用这种模式购物已成习惯，学习能耗为零（可参见上文中的能耗坐标）。但是，对于要想实现从沃尔玛模式到亚马逊模式的顾客迁移，则必须克服学习能耗。那些之所以还固锁于沃尔玛超市的消费者，正是因为他们自身的特质（年龄过大、不喜欢新事物等）而造成了对网络购物的不熟悉，甚至是恐惧感，这就带来了极大的学习能耗，从而阻止了他们的迁移。

这一类型的学习能耗的普遍性存在，也给全球范围内的志在改变消费者大脑认知的营销咨询公司、广告公司提供了足够宽广的生存空间。

我们再来看电子商务最后一公里配送的问题。

顾客网购后，货品由快递员递送。这最后的交付环节大致有三种场景。

场景 1：

快递员将货品直接送到买家的家里。对于买家来说，理论上空间能耗是最小的。但要实现这样的场景，必须满足一个先决条件。因为快递员抵达的时间是不能精确确定的，买家必须随时在家，或者家中随时有人，才能随时接收货品。但大多数买家是上班族，不可能随时在家等候快递员上门。解决的办法要么是买家在接到快递员的电话后立即赶回家收货，这就会造成较大的时间能耗和空间能耗；要么是联系邻居代收，这也会造成时间能耗（联系协调）。但快递员的递送任务繁重，不能久等，所以往往是快递员走人，转为第二天递送，但这又会增加买家的时间能耗（延长等待）。而快递员的二次递送，也会增加他的时间能耗和空间能耗。

总之，这一场景因为买家和快递员之间的时空错位较为严重，而导致总体上综合能耗较高。

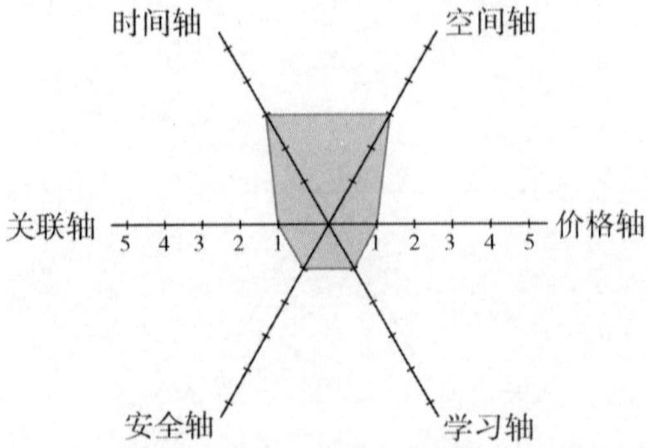

图 2-8　因买家和快递员之间的时空错位导致综合能耗较高

能耗坐标（3，3，1，1，1，1）

$$
\begin{aligned}
S_{场景1} &= 0.43（ab+bc+cd+de+ef+fa）\\
&= 0.43（3\times3+3\times1+1\times1+1\times1+1\times1+1\times3）\\
&= 0.43\times18\\
&= 6.45（安）
\end{aligned}
$$

场景 2：

快递员将货品交给小区的保安室，由保安代收。买家下班后再顺手将货品拿回家。这样的空间能耗也是较低的，但依然存在问题。因为保安并非专职接收快递，保安室也没有专门的地方收纳快递，就有可能造成快递丢失或错拿等，这就会造成安全能耗。同样，保安没有验货环节，不能做出是否满意的正确评判，一旦货不对板，就有可能导致买家事后的退货纠纷，这就带来时间能耗、空间能耗等。同时，大量的快递在保安室里胡乱摆放，还有可能导致买家的住址信息（个人隐私）被更多人知晓，这也会带来安全能耗。

总之，这一场景还是会带来较高的能耗。

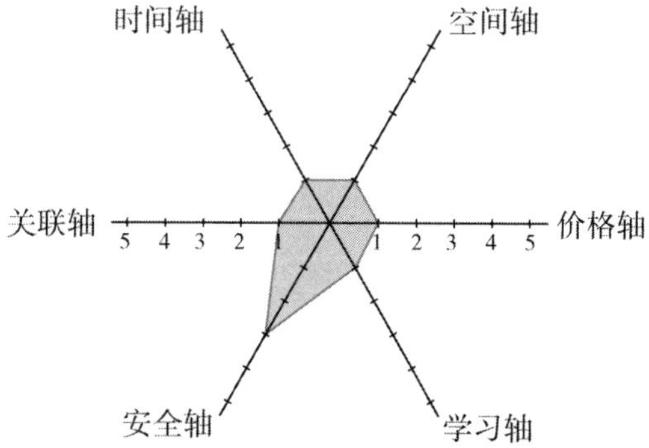

图 2–9　货品放置保安室带来安全能耗

能耗坐标（1，1，1，1，3，1）

$$
\begin{aligned}
S_{\text{场景}2} &= 0.43\,(ab+bc+cd+de+ef+fa) \\
&= 0.43\,(1\times1+1\times1+1\times1+1\times3+3\times1+1\times1) \\
&= 0.43\times10 \\
&= 4.3\,(\text{安})
\end{aligned}
$$

场景 3：

快递员将货品递送到买家的公司里。这能够解决两者时空错位带来的诸多能耗，但买家下班后要带着货品回家，如果货品较重，或者路途较远，就会带来很多不便（空间能耗）。

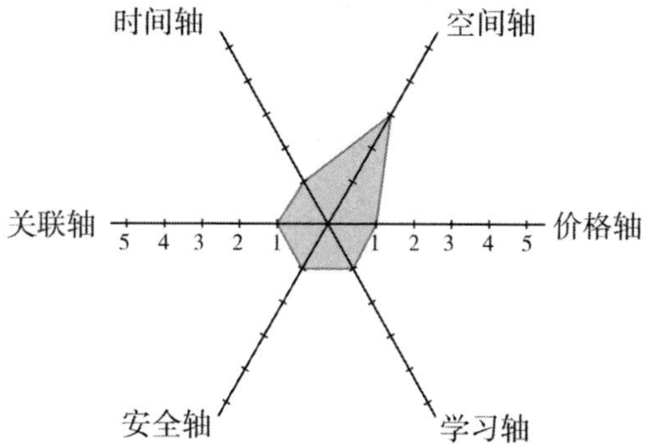

图 2–10　货品送至客户公司造成的空间能耗

能耗坐标（1，3，1，1，1，1）

$$
\begin{aligned}
S_{场景3} &= 0.43\,(ab+bc+cd+de+ef+fa) \\
&= 0.43\,(1\times3+3\times1+1\times1+1\times1+1\times1+1\times1) \\
&= 0.43\times10 \\
&= 4.3\ (\text{安})
\end{aligned}
$$

那么，有没有一种方法可以有效解决上述这三类场景的高能耗呢？

智能快件箱的出现有效解决了这个难题。

智能快件箱是一种硬件设施，类似于超市内的保管箱，可以安装在社区内。快递员将网购的货品送至收件人所在的社区后，可以刷卡登录智能快件箱，输入收件人的手机号码后，快件箱的某一个柜门就会打开。快递员将包裹放入柜门后，智能系统会在 1 分钟之内向收件人的手机发送一条短信，其内容包含一个 6 位数的验证码、快递在几号柜等信息。快递员将柜门关闭后，就可以走人。整个过程快速便捷，无须和任何人联系或交接。收件人在接收到短信提示后，只需在自己最方便的时间，到智能快递箱前，点击屏幕上的“用户取件”按钮，再输入 6 位数的验证码，柜门就会打开。收件人取走自己的包裹就可以了。

从顾客（收件人）的角度来看，智能快件箱的出现，可以一次性地解决时间能耗、空间能耗、安全能耗高企的问题（如图 2–11 所示）。

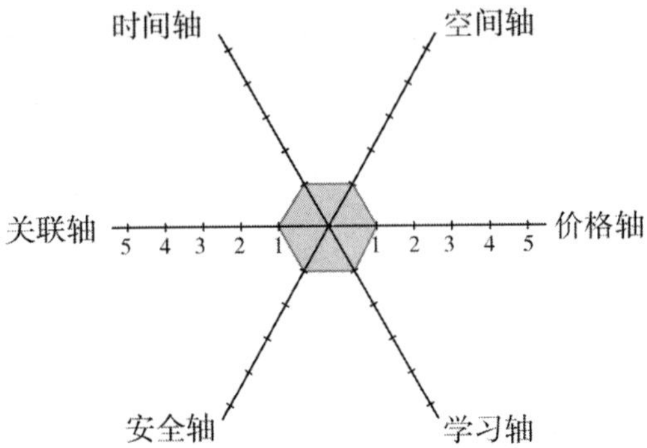

图 2–11　智能快件箱可解决时间能耗、空间能耗、安全能耗高企的问题

能耗坐标（1，1，1，1，1，1）

$$\begin{aligned} S_{\text{智能快件箱}} &= 0.43\,(ab+bc+cd+de+ef+fa) \\ &= 0.43\,(1\times1+1\times1+1\times1+1\times1+1\times1+1\times1) \\ &= 0.43\times6 \\ &= 2.58\ (\text{安}) \end{aligned}$$

与前述三类场景的综合能耗差分别为：

$$\Delta S_1=6.45-2.58=3.87\ (\text{安})$$
$$\Delta S_2=4.3-2.58=1.72\ (\text{安})$$
$$\Delta S_3=4.3-2.58=1.72\ (\text{安})$$

智能快件箱在节能上的巨大优势随着网购的火爆而成为一个被广泛看好的“最后一公里”解决方案。一些电商霸主、物流巨头以及多家创业公司纷纷布局铺设。截至目前，已有超过 100 亿元人民币的投资注入其中。[①]

三泰控股于 2012 年下半年率先推出的速递易智能快递柜，抢占了先发优势。根据其 2015 年中报显示，速递易业务已扩张至全国 79 个城市，签约网点 6911 个，布放网点 31 029 个，速递易 App 自 2015 年 4 月上线以来，下载已超过 60 万次，各项数据均远超同行。

中集集团全资子公司中集电商与 2014 年下半年推出智能快递柜业务“e 栈”，2015 年 3 月收购深圳智能快递柜公司智汇合科技，将其旗下 webox“网盒”电商快递柜全部纳入中集电商“e 栈”体系。目前，“e 栈”在深圳地区已经拥有了 3000 多个网点。

上海富友集团在上海推出快递柜品牌“收件宝”，方正科技在北京推出了智能柜，格力集团以餐饮配送为切入点开展“乐栈”智能柜项目。阿里投资和海尔旗下的物流兼售后服务公司“日日顺”，利用在全国拥有的 3 万多

① 资料来源：http：//www.56products.com/News/2015-9-17/BK2JAECG8J6IC4C1422.html。

个实体门店资源，成立了新公司“乐家”，进军智能快递柜业务。

快递巨头顺丰主导，申通、中通、韵达和普洛斯参与组建的丰巢科技则是物流企业中最大的智能快递柜公司，其注册资金为人民币 5 亿元，其中顺丰占股 35%，申通、中通和韵达各占 20%，普洛斯则占 5%，计划在全国铺设网点。

此外，还有多家区域性的社区包裹自提服务点，如南京的魔格和云柜、上海的盒宝等。

由此可见，能耗就是一根具备魔力的商业指挥棒，驱动着资本、资源、技术、人才等向着节能化的方向不停进发。

能耗度量的调节机制

在能耗分析模型中，我们采用了 5 格度量，这是一种基本的度量单位，适用于大多数的情形。但现实中还是可能出现某一类别能耗量值特别高，与其他能耗处于不同数量级的情况。

例如，通信行业的鼻祖摩托罗拉公司曾经有过一次波澜壮阔的失败，这就是铱星计划。铱星计划从 1987 年提出构想、1990 年付诸实施至 1999 年梦碎破产，历时 12 年斥资 50 多亿美元，且系统建成后投入使用到终止运营仅仅只有 16 个月。这一次失败对摩托罗拉公司的影响十分巨大，诺基亚公司趁机大力发展地面蜂窝系统，并凭借小巧玲珑的 GSM 手机最终夺走了摩托罗拉公司在通信行业的铁王座。

铱星计划源自摩托罗拉公司工程师巴里·伯蒂格（Barry Boettiger）的一次生活经历。当时是 20 世纪 80 年代末，巴里·伯蒂格带着妻子在加勒比海度假。巴里·伯蒂格的妻子抱怨说无法用手机联系到她的客户。伯蒂格所在的摩托罗拉公司已经于1973年推出Dyna TAC，这是现代手机发展的肇始。但当时的加勒比海岛上还没有地面基站，无法像现在这样实现随时随的通话。

妻子的抱怨激发了伯蒂格的雄心，度假回家后，伯蒂格与同事们共同构想出了一个可以让用户在世界上任何地方都可以打电话的解决方案。他们设想发射77颗近地卫星，组成卫星群，从而绕过了地面基站，让每部卫星手持电话直接与卫星连接，即便是人迹罕至的不毛之地，都可以保持通信的畅通无助。

这项计划之所以被命名为“铱星计划”，是因为金属元素铱有77个电了，与伯蒂格的设想一致，虽然在实际运作中，卫星的数量被减至66颗，但铱星的名字一直保留了下来。

从终端用户的角度来看，铱星计划失败最主要的原因就是价格极其昂贵。这个昂贵不但体现在初期购买铱星计划专属的卫星手机上（每部价格高达3000美元），还体现在购买后的使用期间的通话费用上。苹果iPhone手机一直占据着最贵手机的位置，但在美国售价也始终只是几百美元的数量级。

如果说铱星手机十分笨重、无法在室内和车内使用这些弱点带来的时间能耗与空间能耗的量值是3个基本单位的话，那么，其价格能耗至少是50个基本单位，是10倍以上的差别。

为了解决这个数量级不相匹配的问题，我们引入了调节系数k，通过k的设定来校正不同能耗间的数量级差，并确保能耗分析图形在视觉上的协调性。

我们设定，k_1、k_2、k_3、k_4、k_5、k_6分别是时间能耗、空间能耗、价格能耗、学习能耗、安全能耗、关联能耗的调节系数。

由此，综合能耗计算公式就变为：

$$S_{总}=0.43(k_1k_2ab+k_2k_3bc+k_3k_4cd+k_4k_5de+k_5k_6ef+k_6k_1fa)$$

这个公式看似非常复杂，但实际上在绝大多数的情况下，k_1、k_2、k_3、k_4、k_5、k_6 的值为 1，可以自动略去。

具体到铱星手机这个案例（如图 2–10 所示），k_1、k_2、k_4、k_5、k_6 的值均为 1，唯有 k_3 的值为 10。所以，铱星手机的能耗坐标为（3，3，5，1，1，1），其综合能耗为：

$$\begin{aligned}S_{铱星手机}&=0.43(ab+10\times bc+10\times cd+de+ef+fa)\\&=0.43(3\times 3+10\times 3\times 5+10\times 3\times 1+1\times 1+1\times 1+1\times 3)\\&=0.43\times 194\\&=83.42(安)\end{aligned}$$

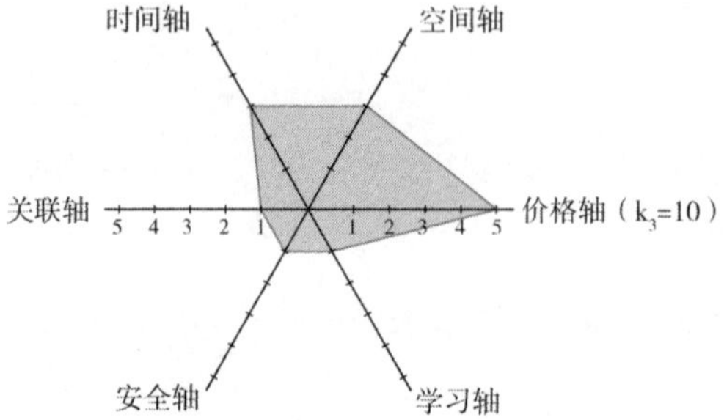

图 2–12　铱星手机 k_3 值为 10 的综合能耗

如此超高的综合能耗，自然会对铱星计划的商业模式带来毁灭性打击。铱星开业的前两个季度，在全球只发展了 1 万用户，这两个季度的亏损高达 10 亿美元。尽管后来铱星手机适当降低了通话收费标准，但依然举步维艰，难挽狂澜。铱星计划最高峰的时候，在全球拓展了 5.5 万名客户，但根据其巨大的投入成本，需要获得 65 万名客户才有可能实现财务平衡。

从铱星计划这个案例可以看出，我们可以根据需要，通过能耗调节系数来校正某一商业模式或商业模式的某一环节的特殊能耗，从而确保综合能耗计算的准确性与合理性。

能耗分析的相对性与泛量化

通过上述案例，我们基本上对于能耗分析有了一个概括的认知。我们也深刻地感受到了能耗分析的相对性与主观性。

所谓相对性是指，就某一个商业模式而言，其能耗值并不是绝对的，而是相对的。不管是竞争性商业模式，还是演进式商业模式，都隐含着一个可供比较的对象。比如，Dash 购物按钮与亚马逊网站、亚马逊网站与沃尔玛超市、智能快件箱的间接交货方式与直接交货方式、铱星手机与 GSM 手机，都是互为比较对象的。

也正是基于这种相对性比较，我们才能对不同商业模式之间能耗差有所感受。

所谓主观性是指，不同的判断者对于同一商业模式的能耗值的估量是不同的。对于商品选择有着强烈控制欲的人可能将 Dash 购物按钮的安全能耗确定为 5，因为这个按钮几乎完全剥夺了顾客的选择权。而生性俭省的人，除了基本日用品之外，几乎没有额外消费，则可能将 Dash 购物按钮的安全能耗确定为 1，因为他本身就不需要过多的选择权。

之所以会出现能耗估值的主观性，是因为每个人的能耗敏感度[①]和能耗耐受度[②]是很不一样的。

① 能耗敏感度是指顾客对于某一类别能耗变动的敏感性，多大程度的能耗变动会让其在认知上感觉到差别。
② 能耗耐受度是指顾客对于某一类别能耗变动的忍耐力，多大数值的能耗会冲破其克制而做出心理上乃至行动上的反应。

有的人对于价格能耗特别敏感，超市的鸡蛋便宜几分钱就会驱动他去排长队抢购。有的人价格敏感是相反的，太便宜的东西反而让他敬而远之。有的人对于时间能耗的耐受度极低，宁可多花钱，也不愿忍受几分钟的等待。有的人对于安全能耗的耐受度很高，愿意冒很大的风险。有的人看见新事物、新技术就头疼不已，这是对学习能耗特别敏感，耐受度极低。

……

正因为人的千面千心，所以能耗估值就不可能完全脱离主观性。但是，每个个体自身的评判标准大致是统一的，只要有相对性做支撑，每一个个体的主观性能耗评估依然具备相当的可信度，可以作为判断依据。对于企业经营者来说，在较大的范围内收集不同个体的基于相对性的主观能耗评估，可以从总体上得出正确性较高的判断。

不过，主观性的能耗评估也必然存在不可量化的问题。用“多”与“少”、“高”与“低”这样的主观词汇，不确定性太强，很不利于探讨与传播。

而追求确定性是人类的本能。德国哲学家戈特弗里德·威廉·莱布尼茨（Gottfried Wilhelm Leibniz）为了终止所有的学术争论，曾经设想建立一种数字或符号体系，用来表达所有的想法，为每个问题确定最佳答案。

美国神经科学家兼哲学家唐纳德·麦凯（Donald MacKay）也提出了类似的观点。他说：

规范性陈述、规范以及它们的意义是人类生活不可缺少的组成部分。无论是对目标进行优先排序，还是组织并规划思想、信仰、情绪及行为反应，都必须遵循规范化的基本原理；与此同时，规范化构成了大部分伦理及政治讨论的基础。

显然，麦凯所说的规范性也适用于商业领域。但是，要建立确定性的规范并不那么容易。这往往是一种过于理想化的追求，在某种程度上甚至可以视为自欺欺人之举。终其一生，莱布尼茨的想法也只是一种设想。

不过，现代心理学的评测体系为我们将主观性评估转为可量化的数字指标提供了较好的范例。

比如，汉密尔顿抑郁量表（Hamilton Depression Scale，HAMD）中对于“负罪感”这一主观性很强的心理状态采用了五级量度。其中：

- “0”表示“未出现”；
- “1”表示“责备自己，感到自己已连累他人”；
- “2”表示“认为自己犯了罪，或反复思考以往的过失和错误”；
- “3”表示“认为疾病是对自己错误的惩罚，或有罪恶妄想”；
- “4”表示“罪恶妄想伴有指责或威胁性幻想”。

从 0 到 4，表示负罪感强度的逐级上升。而“负罪感”只是评测中的一项指标，整个汉密尔顿抑郁量表（其中的一个版本）一共有 17 项指标，各个指标都按照从 0 到 4 的五级量度评测，然后将总分相加，就能得出抑郁与否以及抑郁程度的判定。

- 总分＜7 分：正常；
- 总分在 7~17 分：可能有抑郁症；
- 总分在 17~24 分：肯定有抑郁症；
- 总分＞24 分：严重抑郁症。

这种对于主观的心理体验的量化测量方式，已经得到了广泛的认可与应用，使得心理学得以屹立于科学之林。本书将这种量化方式称为“泛量化”，以和那些天然就具备量化特性的数据做一区分。

我们在能耗分析模型中，对于六类能耗的五级量度设定，也是参照现代心理学的主流方式进行的。人们对于能耗的感知与认知，从根本上来说，也是在心理上发挥作用的。所以，用类似于心理测量的泛量化方式来进行能耗评测，既是适当的，也是有效的。

事实上，偏执地追求百分百的确定性和纯量化，也会走到事物的反面。专注于风险管理的德国社会心理学家格尔德·吉仁泽（Gerd Gigerenzer）明智地指出："在一个变幻莫测的世界，涉及更多信息和计算的复杂决策方法往往会更糟糕，导致人们产生确定性错觉，并造成损害。"

三大能耗法则

结合前述案例，通过对能耗分析应用的深入思考，我们可以梳理出关于商业模式能耗的三条基本规律，即：

1. 能耗联动法则；
2. 能耗最低法则；
3. 能耗平衡法则。

能耗联动法则[①]

我们将商业模式的能耗分为时间能耗、空间能耗、价格能耗、学习能耗、安全能耗和关联能耗六大类别，是为了便于分析研究，并不代表这六类能耗是全然无关的。在现实的商业模式中，各类能耗之间往往存在着联动效应，某一类能耗的变动会引发其他能耗的不同向度的变动。

例如，智能快件箱强力削减了时间能耗、空间能耗和安全能耗（隐私方面），但是却失去了当面验货这个环节，有可能造成安全能耗（货不对板）的增加。这是从顾客视角出发的。而对于快递员来说，只要快件箱不收取费用，他一定会优先使用。哪怕收件人在家，他也不愿意多耽误工夫打电话联

① 能耗联动法则在任一商业模式中随处可见，比较容易理解，故而不再展开详尽的论述。

系收件人，直接递送（这会给他带来时间能耗和价格能耗，打电话需要花钱花时间）。

Dash 购物按钮在带来方便快捷（削减了时间能耗与空间能耗）的同时，也必须支付更高的价格（增加了价格能耗），并牺牲更多的选择（增加了安全能耗）。

滴滴打车和优步在推广初期采用补贴策略，在价格上远低于传统的出租车，在便利性上却大大超过传统的出租车，从而在价格能耗、时间能耗、空间能耗上大幅削减，但在学习能耗和安全能耗上却又比传统的模式有所增加。

更进一步，能耗联动法则提醒我们，绝对不要以为单独降低某一个能耗就能定乾坤。惯常所用的价格战（降低价格能耗）未必万用万灵。比如，国内最早的网络钻石销售商钻石小鸟，相对于传统的钻石专卖店，具备极大的价格优势，但刚开始的时候，却乏人问津。原因就在于，虽然价格能耗很低，但安全能耗极大。钻石小鸟是网络销售钻石的始作俑者，此前并没有类似的商家在网络上销售这类贵重物品。网店又不像实体店可以现场看到钻石的样子，在网络信用体系尚未建立之前，绝大多数人不敢相信可以在网上以远低于实体店的价格就可以买到真品钻石。这一顾虑造成了极大的安全能耗，从而影响到了钻石小鸟最初的运营。

所以，我们必须系统考虑各类能耗之间的相互影响。能耗之间的联动关系也突出了构建能耗综合模型的必要性。如果不将所有事关商业模式成败的制衡因素放在一起通盘考虑，就无法做出准确的判断。

能耗最低法则

只有能耗最小的商业模式才能在竞争中或演进中获胜，这就是能耗最小法则。能耗最小法则是站在用户立场开展评估衡量的。

亚马逊的CEO杰夫·贝佐斯说过：

经常有人问我这个问题："未来10年会发生什么改变？"这是个有趣的问题，非常常见。但我几乎没被问过这个问题："未来10年什么是不变的？"我可以告诉你，实际上第二个问题更重要——因为你可以围绕着稳定的东西制定商业战略……在零售业，我们知道客户希望低价，我知道从现在起未来10年这一点是不会变的。他们希望送货更快，他们希望有很多选择。10年后如果客户跑过来跟你说："杰夫，我喜欢亚马逊，可是你们的价格能不能高一点？"或者"我爱亚马逊，可是你们送货能不能慢一点？"不可能的，这样的未来是无法想象的。所以我们知道，今天我们替客户在这些方面的努力、改进会在10年后收到回报的。一旦你知道做某件事情是对的，哪怕从长远来看也是如此的话，你就可以在这上面投入大量精力了。

贝佐斯所说的代表未来商业发展方向的"速度更快、价格更低"，就是节能化大趋势的另一种表述方式，也是能耗最小法则的最佳注脚。

能耗平衡法则

企业为了确保用户的能耗最小，往往要付出不菲的代价。企业（商家）、用户以及相关第三方之间的能耗要相对平衡。如果仅是顾客的综合能耗较低，而商家或第三方的能耗持续走高，其商业模式必然不可能持续成功，这就是能耗平衡法则。能耗平衡法则是基于企业立场展开评估衡量的。

阿里巴巴为了解决电商最后一公里的问题，采用加盟的方式在全国广泛吸纳第三方小配送点，组建了菜鸟驿站。用户在淘宝网或天猫商城购物时，就可以将距离自己最近或最方便提货的菜鸟驿站作为货品自提点，快递员随后就将包裹送到指定菜鸟驿站。这是有别于电商企业自建智能快件箱的一种节能化方式，同样也可以极大地削减收件人的时间能耗、空间能耗和安全能耗。但从用户的角度来看，在两种方式中，菜鸟驿站的能耗较大，但相差还不算太大，而从企业的角度来看，能耗却是天差地别。

自建智能快件箱需要耗费大量的财力。每个智能快递柜的铺设大约需要人民币 3 万 ~4 万元。三泰控股的速递易项目利用上市公司融资优势，总计募资了 7.5 亿元用于项目，截至 2014 年底已累计投入 3.54 亿元。为了维持规模优势，2015 年上半年速递易继续在全国扩张，截至 2015 年 8 月 14 日，累计投放快件 1.866 亿个，较 2014 年增长了 9 倍。但也因此拖累了其财务状况。三泰控股的 2015 年中报显示，上半年亏损扩大至 9200 余万元，同比增亏 233.41%。速递易预计 2015 年全年将新增 1.7 万个网点，全年亏损约为 1.35 亿元。除了铺设费用，智能快件箱的费用还包括物业租金费、电费、向收件用户发送提取码短信带来的电信设施网络使用费，以及监控摄像头、监控录像硬盘等易耗品的折旧费。

尽管三泰控股财力雄厚，但依然备感压力。为了缓解资金紧张，速递易放弃了扩张前期的免费策略，于 2014 年开始尝试向快递员和用户双向收费的模式。快递员需要办理速递易的充值卡，按照保管箱的尺寸，每件收取 0.4~0.6 元的费用。对取件人来说，快件存放 48 小时内免费，超过 48 小时则收取每天 1 元的保管费。

但是，收费自然会增加价格能耗。对于快递员来说，每送一单包裹不过赚一元钱，如果要支付 0.4 元 ~0.6 元给速递易，显然是很不划算的。快递员属于价格能耗敏感度很高、价格能耗耐受度极低的群体，价格能耗一增加，智能快递箱立即被这一群体大面积弃用。根据速递易 CEO 贾勇在“快递‘最后一公里’峰会”上透露的数据，投件量从过去的日均 60 万件下降到 40 万至 50 万件，减少了 20% 左右。[①②]

---

① 资料来源：http：//www.cbnweek.com/v/article?id=20420。
② 资料来源：http：//www.56products.com/News/2015-9-17/BK2JAECG8J6IC4C1422.html。

快递员弃用智能快递箱，则直接导致了收件人能耗体验的恶化。

通过上述对比分析，我们可以发现，菜鸟驿站萃集第三方的力量，在能耗平衡上要远胜于自建智能快件箱。如果智能快件箱不能寻找到更为有效的创收手段，而不是简单地向利润微薄的快递员收费，很可能是无力长期支撑的。由此亦可见，能耗平衡法则的重要性。

总之，我们在本章通过大量的案例与细致的分析，构建了商业模式能耗分析的基本框架，并提炼总结出了能耗三法则。能耗联动法则有助于提醒我们用系统的观点来通盘考虑商业模式的能耗问题，能耗最低法则[①]可以用于判断一个商业模式能否成功，而能耗平衡法则[②]可以用于判断一个商业模式能否持续成功。

① 详见第 3 章。
② 详见第 4 章。

03 能耗最低法则

只有那些在演进性比对或竞争性比对中综合能耗最低的商业模式才能成功。市场上现有的产品或服务中所存在的高能耗环节就是开创新事业的开阔地带。商业运营中的高能耗点就是用户的痛点。消费者会自动趋向于精简需求，以实现低能耗的满足。所谓“刚需”，就是即便能耗再高，用户也不得不购买的产品或服务。除非能确保实现垄断，否则必须重视能耗最低法则。

追求低能耗地满足自己的需求是人类的天性，人类社会在商业发展史上的进步，已经用无数个事实验证了这一点。诸如飞机、电脑、手机、互联网这些惊世骇俗的发明，在极大地拓展了人类的机体功能的同时，也大大减低人们为享受到诸多便利所要支付的代价。这是整体层面的观察，再具体推演至个体，又有哪一个顾客不愿意少支付代价而得到更好的产品或服务呢？

这就从人性的基底上决定了能耗最低法则的普遍适用性：

只有那些在演进性比对或竞争性比对中综合能耗最低的商业模式才能成功。

那么，能耗最低法则在商业模式生死存亡的竞争中到底是如何发挥作用的呢？

验证码的故事

在中国一年一度的春运大潮中，在短短 40 天内，高达数十亿人次的密集出行，是人类历史上最为壮观的迁徙运动。毫无疑问，火车是主力交通工具。期间，一票难求是常态。在火车站漏夜排长队买票的现象屡见不鲜。对于出行者来说，这种购票模式显然是一种超高能耗的付出（如图 3–1 所示）。超高能耗在某种程度上就意味着丰厚的利润。这就催生出一大批被称为“黄牛党”的票贩子。黄牛党们有办法降低购票的能耗，从而为自身“营建”了可观的利润空间。

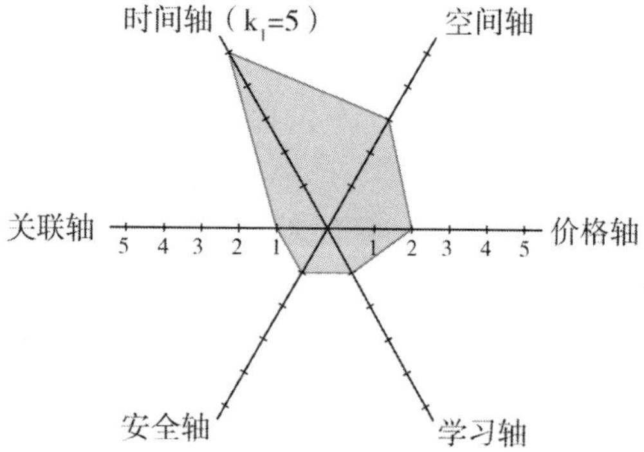

图 3–1　春运排队购票的综合能耗

在图 3–1 中，排队购票的能耗坐标是（5，3，2，1，1，1），k_1=5，则

$$S_{春运排队购票}=0.43（5\times5\times3+3\times2+2\times1+1\times1+1\times1+5\times1\times5）=47.3（安）$$

随着互联网技术的发展，铁路部门组建了官方网站 12306，推出了网上售票的方式。对于具备一定上网技能的人来说，网上购票的能耗大大小于在火车站售票窗口排队购票。当然，那些对网络没有丝毫概念的群体（年龄大、文化水平低），则因为学习能耗太大而无法接受这种新的模式，只能沿用原来的排队购票模式。

网络购票模式刚一推出时，对于票贩子也是一个重大打击。他们原来通过线下，囤积居奇的方法在网上就不管用了。这本来对于维护真正的消费者是有利的。但是，黄牛党们在巨大的利益驱动下，很快就以极大的“热情”研发出了抢票软件，将网上供应的火车票抢为已有，继续牟取不当暴利。

为了遏制票贩子的抢票行为，铁路官方网站在购票网页上设置了填写验证码的环节。

验证码这项互联网技术的发明最初是为了降低互联网应用的安全能耗。

电脑黑客们编写了一种能够大量、重复编写信息的程序，伪装成人类用户，肆无忌惮地朝网络上倾倒大量的、无意义的“僵尸”信息，垃圾邮件、垃圾广告、垃圾评论到处乱飞，正常有用的信息被这些铺天盖地的垃圾信息湮灭，破坏了网站的正常运行。

此外，还有程序机器人“不知疲倦”地用穷尽尝试的方法来恶意破解密码、恶意刷票，以非法牟利。

2000 年，深受其害的雅虎公司（Yahoo）邀请卡内基梅隆大学一位年仅 21 岁的学生路易斯·冯·安（Luis von Ahn）来解决这个问题。

路易斯·冯·安发现，人类可以用肉眼轻易地识别出图片里的文字信息，而机器却不能。他决定利用这一规律来区分电脑前的用户到底是真实的人，还只是程序机器人。

路易斯在导师的帮助下，根据这一原理设计了一个程序。这个程序可以产生一个随机的字符串，然后对这串字符进行随机的扭曲、重叠、污染，再显示给要进行操作的用户。能够识别这个变形了的字符串的就被认定是人类，而非机器人。

这个变形了的字符串，就被称为“验证码”。验证码的英文是 CAPTCHA，是“全自动区分计算机和人类的公开图灵测试”（Completely Automated Public Turing Test to Tell Computers and Humans Apart）的首字母缩写。

使用验证码可以将非人类拒之门外，这就降低了网站的安全能耗。但根据能耗联动法则，人们在上网操作时，因为增加了这一环节，又导致时间能耗的增加。

不过，黑客破解的技术也与时俱进。很快，一般性的简单验证码也被程序机器人破解了。铁路部门的 12306 网站就遇到了这样的问题。

为了杜绝黄牛党利用抢票软件非法牟利，12306 网站不得不一次次提高验证码的识别难度。从最初的简单数字，到数字加字母，再到减法算式、闪烁变形字母（动态码）、中间添加干扰线的变形字母，最终是图形验证码，这也造成了使用者的时间能耗节节升高。

到了 2016 年春运期间，购票者登录 12306 网站时，必须准确识别出类似图 3–2 所示的验证码才能够正常购票。

图 3–2　12306 网站须准确识别的验证码示例

这些验证码图形模糊，很难识别，固然是能够将抢票软件拒之门外，但也为真正的购票者设置了很大的能耗障碍，须经反复试验，才能选出正确的答案，时间能耗大大增加。

12306 网站设置了 581 种图形验证码。根据其要输入两个关键词的规则，用户可能面临着 336 980 种不同挑战。

这 581 种验证码细分为十二个品类，有动植昆虫类、食品果蔬类、日用百货类、办公用品类、户外运动类、家电 3C 类、生活用品类、珠宝饰品类、出行工具类、传统文化类、公共设施类、专有名词类等。据统计，用户一次性成功输入验证码的比例仅为 8%，两次成功的比例为 27%，65% 的用户需要三次甚至四次以上才能输对。据《北京青年报》的记者亲身体验，原本只需 1 ～ 2 秒就能完成的验证码环节，12306 网站的高难度验证码需要 20 秒左右才能完成。这是硬生生地将时间能耗提高了 10 倍（如图 3–3 所示）！[①]

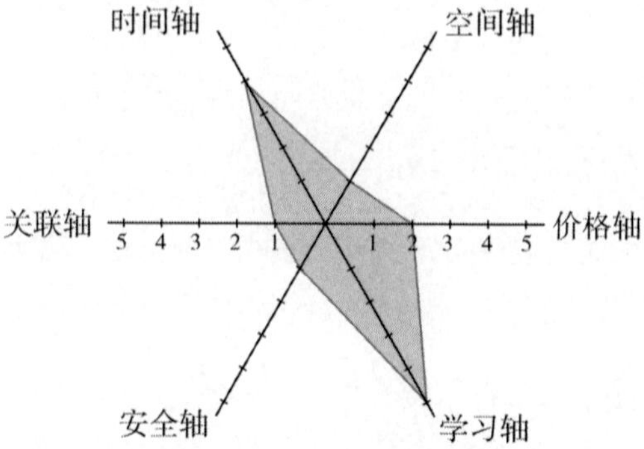

图 3–3　12306 网站购票的综合能耗

在图 3–3 中，通过 12306 网站购票的能耗坐标是（4，1，2，5，1，1），则

$S_{春运12306网站购票}$=0.43（4 × 1+1 × 2+2 × 5+5 × 1+1 × 1+1 × 4）=11.18（安）

任何商业模式中的高能耗环节必然是用户体验的头号大敌，12306 网站纷繁复杂的验证码设计自然引发了如潮怨言。

但是，人们却还是不得不一边抱怨，一边为“一票难求”折腰，在 12306 网站上一遍遍“孜孜不倦”地突破验证码的封锁。

普适性的能耗最低法则在这里遭遇了例外。为什么 12306 网站的购票能耗如此之高，却还是没有被用户弃之如敝履呢？

原因很简单，能耗最低法则是建立在相对性的竞争基础上的。铁路官方售票是独此一家，别无分店的垄断经营，根本没有任何竞争对手，哪怕能耗再高，也几乎没有别的替代性选择。之所以说几乎没有别的替代性选择，是

① 资料来源：http：//www.ithome.com/html/it/192476.htm。

因为在价格能耗的限制下，大部分低收入群体只能选择火车出行，而对经济实力强、价格不敏感的用户来说，乘坐飞机、自己开车或租车出行都是现实可行的替代性选择。

换言之，只有垄断性经营可以无视消费者的能耗最低化需求。

所以，我们可以得出一个结论：

除非有足够的能力确保自己的商业模式垄断运营，否则必须重视并践行能耗最低法则。

事实上，在强大的社会公众压力下，即便是垄断性经营的 12306 网站，也不愿听到骂声一片，也愿意想方设法来提高用户的满意程度。而一旦认识到能耗最低法则的重要性，消减能耗的方法总是能够找到的。12306 网站的验证码难题并非无解，只要转换思路，完全可以同时实现用户安全能耗和时间能耗的双低。

比如，谷歌公司在 2014 年年底推出了“没有验证码的验证码”（No CAPTCHA reCAPTCHA）的服务。

谷歌公司通过分析用户 cookies 中的历史记录、IP 地址等，判定用户的风险等级，以确定用户的身份是人还是机器。对于大部分人来说，不需要输入验证码，只要勾选“我不是机器人”的方框就能完成验证。如果用户的风险等级还没有达到可以通过勾选框完成验证的标准，网站再弹出图片验证码来做二次验证。

除了谷歌公司的做法外，号称“重新发明了验证码”的极验公司给出了另一种解决方案。

极验公司的验证码和惯常的由各种扭曲的文字、重叠的字母、变色的数字组合在一起的验证码不完全一样。用户只要拖动滑块将一块拼图放到图片中合适的位置，验证过程就算完成了（如图 3–4 所示）。

图 3–4　极验公司设计的拖动拼图进行验证的验证码

用一个简单的鼠标拉动动作，取代识别、填写复杂难辨的验证码，不但可以有效阻止机器程序恶意入侵，而且在降低能耗的成效方面是非常显著的（如图 3–5 所示）。也正因如此，极验公司作为一家不起眼的创业公司，已经赢得了风险投资和市场的双重认可。2016 年 3 月，这家公司拿到了红杉资本领投、IDG 跟投的 2400 万美元 B 轮融资。目前，已经有超过 7 万家网站在使用极验公司验证的服务，在游戏和直播领域基本达到全面覆盖。极验公司每日处理的验证就已经突破 1.5 亿次。[①]

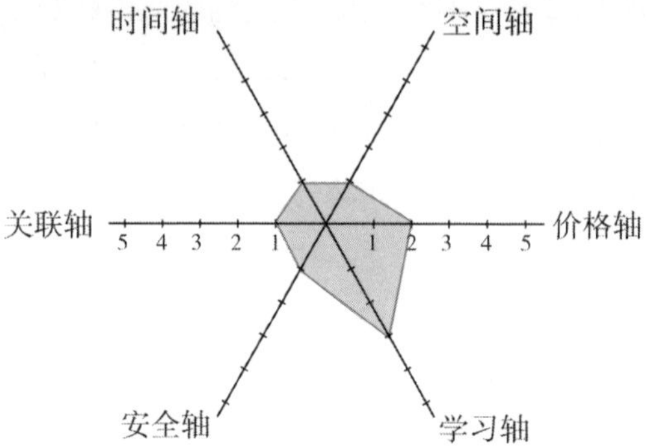

图 3–5　通过极验码购票预计的综合能耗

① 资料来源：http：//mt.sohu.com/20160615/n454603395.shtml。

在图 3-5 中，通过极验码购票的能耗坐标是（1，1，2，3，1，1），则

$S_{极验码购票（预计）}$=0.43（4×1+1×2+2×3+3×1+1×1+1×1）=7.31（安）

极验公司的快速发展足以说明,没有一个用户不喜欢低能耗的解决方案。由能耗最低法则出发，我们可以推知：**市场上现有的产品或服务中所存在的高能耗环节就是开创新事业的开阔地带。**

痛点就是高能耗点

“痛点”这两个字已经成为商业领域最炙手可热的词语。但到底什么是“痛点”，却众说纷纭，争议颇多。

其实，从能耗最低法则的角度来看，就很容易给出一个准确的定义。

商业运营中的高能耗点就是用户的痛点。

进而，我们也能重新定义“刚需”这个概念。

所谓“刚需”，就是即便能耗再高，用户也不得不购买的产品或服务。

对于商业运营者来说，针对高能耗点提供削减能耗的方案，就是解决痛点的最佳选择。由此出发，我们能够给出另一种意义上的 O2O（定义 Obstacle to Opportunity），也就是从障碍到机会。那些给用户带来种种不便的障碍（即痛点），就是最好的创业机会。障碍越大，机会越大。这个 O2O 定义不但可以全面取代通常意义上的 O2O（Online to Offline），而且在本质上也更接近商业模式成功的真谛。

世界上第一双口袋鞋——袋鼠（Kangaroos）就是因一个痛点的存在而诞生的。美国利福尼亚加州的建筑师鲍勃·加姆（Bob Gamm）是一个跑步爱好者。他在日常跑步运动时常常烦恼于钥匙和零钱无法存放。1979 年

的一天，不胜其烦的他突然想到了一个主意，于是他立即设计了一双跑步鞋，并在上面加上了一个带拉链的小袋子。这个小袋子就很轻松地解决了他自己以及所有跑步爱好者的烦恼。很快，袋鼠鞋就以迅雷之势登上了美国运动鞋舞台。很多体育明星喜欢上了带有口袋功能的袋鼠鞋而让这个品牌成为明星品牌。

再来看另一家明星企业优步。

优步作为一家初创企业，为什么能够在短短五六年间从无到有，成为估值超过 600 亿美元的独角兽公司？优步目前已经覆盖全球 450 座城市。2016 年 6 月，优步获得了沙特阿拉伯价值 35 亿美元的主权财富基金，该基金对优步公司估值达到 625 亿美元。[①]

其根本原因就是抓住了人们在出行过程中打的不易的痛点。这个痛点直接来自于优步联合创始人特维斯·卡拉尼克本人的亲身体验。[②③]

2008 年，卡拉尼克和他的朋友加雷特·坎普（Garrett Camp）去欧洲参加 LeWeb 年度科技大会。当时，卡拉尼克刚刚以 1500 万美元的价格出售了自己的第二家创业公司 Red Swoosh，正准备筹划着新一轮的创业。

会议期间，恰逢巴黎的寒冬。在一个寒风凛冽的夜晚，卡拉尼克和坎普两个人在巴黎街头苦苦等待出租车，但却一直没有等到。想象力丰富的坎普不由慨叹道："如果我可在手机上按一个键，然后立即出现一辆出租车就好了。"

坎普和卡拉尼克体会到的这个痛点，是很多人感同身受的。这一高能耗点之所以存在，是因为全球范围内几乎完全一致的出租车管理制度造成的。为了确保出租车的使用率，就只能牺牲用户的体验，在城市中实行出租车牌

① 资料来源：http：//tech.163.com/16/0719/04/BSAFR20R00097U7R.html。
② 资料来源：http：//tech.163.com/14/1106/07/AABOMVUD000915BF.html。
③ 资料来源：http：//www.201980.com/lzgushi/xueshu/10063.html。

照制度，在总量上控制出租车的数量。否则，如果以高峰期人人都能打到车的标准来发放出租车牌照的话，平峰期就会有很多出租车闲置空跑，没有生意可做了。但这样从出租车立场出发的管理制度，必然对用户造成伤害。当高峰期或恶劣天气的情境下，用户越是渴望打到车的时候，就越是打不到车。

2009 年 3 月，卡拉尼克和坎普在美国旧金山成立了一家公司，以解决此前他们俩在巴黎遭遇过的切身之痛。

卡拉尼克和坎普将这家公司命名为“UberCab”。Uber 这个单词源于德语，原生词在德语中为 über，就是“在……之上”，引申为“超”的意思。Cab 是美语中“出租车”的意思。UberCab 的寓意就是要超过出租车。

卡拉尼克和坎普建立的这家公司扮演了一个中介者的角色，它本身不拥有任何车辆，也不雇用任何司机。它通过一个信息平台，实现了乘客与司机的对接。在 UberCab 的软件中，整合进了谷歌地图，用户（乘客）能够清晰地看到最近的车辆在哪里，并可以通过点击地图来设定自己想要的上车地点。在手机屏幕上，用户还可以看到司机的基本信息以及历史评分，从而可以选择取消那些让自己感到不够安全的订单。整个行程结束后，UberCab 公司会在乘客事先关联好的信用卡上扣除乘车的费用，从而免去了现金交易、找零和等待小票等一系列耗能的反锁程序。同时，乘客还可以对本次乘坐体验以及司机的服务进行评分。

卡拉尼克和坎普推出的这一竞争性商业模式正如其命名所宣示的那样，是要革传统出租车行业的命。但传统的出租业绝不希望这一中介者演变成为自己的终结者。传统势力很快做出了反应。最初的反戈一击来自于政府主管部门。当年 10 月，旧金山市交通局和加州公共事业委员会对 UberCab 公司联合下达停止运营的指令，他们都强烈反对 UberCab 名字中的 Cab 字眼。因为 Cab 意为“出租车”，而 UberCab 公司并没有获得出租车执照。

卡拉尼克不得不砍掉了 Cab，将公司的名称改为 Uber，但他砍掉出租车的愿望反而更强烈了。他继续在美国的不同城市攻城略地，并很快将烽火烧到了其他国家。

根据《中欧商业评论》2014 年 3 月的报道，在卡拉尼克推出优步服务之前，美国旧金山的预约出租车服务的相关数据是这样的：

- 27% 的出租车会在预约后 15 分钟内到达；
- 63% 的出租车会在预约后 30 分钟内到达；
- 周末的晚上，72% 的预约出租车不会出现；
- 工作日，35% 的预约出租车不会出现。

但是，优步出现后的对比数据是这样的：

- 优步比招手叫车平均节省 4.8 分钟；
- 优步比打电话预约出租车平均节省 16.2 分钟；
- 优步比周五或者周六晚上 6 点到午夜之间预约出租车平均节省 54 分钟。

显然，用户采用优步服务的综合能耗（如图 3–6 所示）要比传统出租车的综合能耗（如图 3–7 所示）要小得多。这也可以从另一个数据对比中得到验证。

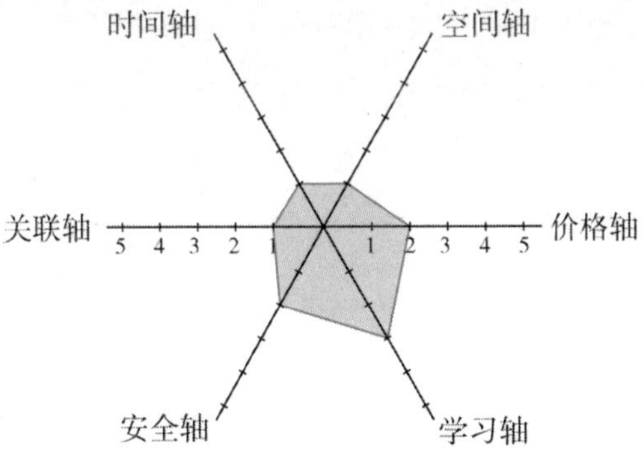

图 3–6　优步打车的综合能耗

在图 3–6 中，通过优步打车的能耗坐标是（1，1，2，3，2，1），则

$S_{Uber\ 打车}$=0.43（1×1+1×2+2×3+3×2+2×1+1×1）=7.74（安）

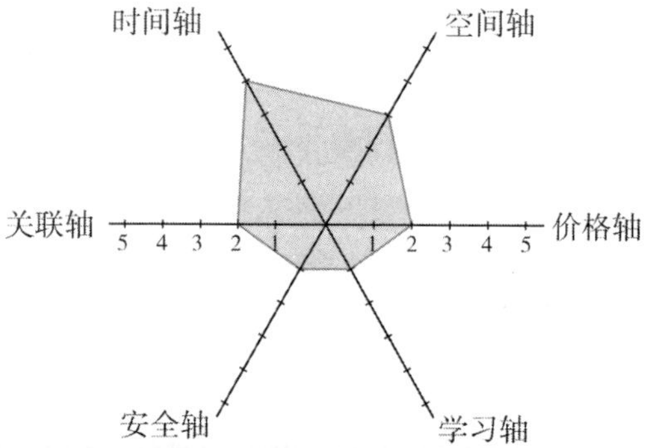

图 3–7　传统打车的综合能耗

在图 3–7 中，通过传统打车的能耗坐标是（4，3，2，1，1，2），则

$S_{传统打车}$=0.43（4×3+3×2+2×1+1×1+1×2+2×4）=13.33（安）

美国传统的出租车业务最初是从纽约开始的。纽约市从 20 世纪 50 年代一直到现在，60 多年来发放的出租车牌照总数量一直保持在 13 250 张，从未增加。那些拥有牌照的 13 250 辆出租车，在车的前方都装有一个类似勋章的东西。这个勋章可以说是纽约市最具保值性的资产，得益于严苛的总量控制带来的稀缺性，其价值在不断地上涨。到了 2013 年 4 月，单个勋章的价格涨到 130 万美元的历史最高点。历史数据显示，从 20 世纪 70 年代初到 2013 年，勋章的价格上涨了近 90 倍，比股票市场的标准普尔系数的上涨幅度大了不知多少倍。

但是，优步进军纽约后，在优步及其类似的服务的推波助澜下，出租车勋章的价值直线下降。到了 2015 年初，跌到了 84 万美元左右，跌幅高达 35%！

这一数据对比，也从另一个侧面验证了优步的低能耗模式在决定需求痛点上的巨大作用，以及其在商业模式创新上取得的巨大成功!

在美国以及欧洲的一些国家，优步模式削减的主要是用户的时间能耗和空间能耗，在平常时间的价格能耗上相差不大，图 3–6 所示的优步模式的综合能耗就是基于平常时间的。但是，在万圣节、圣诞节等节假日和恶劣天气时，优步采用高峰定价机制（Surge-Pricing）来吸引更多的司机加入供给，但这也意味着乘客要支付更高的价格。比如，在 2014 年纽约的暴雪天气中，一些乘客支付了平时 8.5 倍的价格。这种动态定价的模式，让用户承担了更高的价格能耗，当然也引发了对优步的抱怨与不满。

当优步进入中国市场后，因为强大的竞争对手滴滴打车的存在，不得不在前期大肆采用双向补贴 / 奖励政策（同时针对司机和乘客两端），大幅度削减价格能耗，以求抢占市场。

打车的痛点在人口众多的我国是一个非常突出的存在。这样的环境背景也直接催生了滴滴打车和快的打车这两家本土化的互联网公司。

在探索利用移动终端（手机）解决出行难题之初，无论是滴滴，还是快的，最初都是针对现有的出租车展开的，而不像优步一开始就是针对私家车的。所以，从共享经济的角度来看，优步属于这一范畴。滴滴和快的则不属于共享经济，因为它们只是针对存量资源（现有的出租车供给）的一种基于互联网技术的优化，在让一部分方便快捷地打到出租车的同时，却让另一部分人更难打到车了。

尽管滴滴和快的这两家都看到了打车出行这一高能耗点，但在设计解决方案上，还没能像坎普和卡拉尼克那样一步到位，将初始能耗降至最低水平。

优步设计的是一键打车，但快的最初几个版本的 App 界面里却设计了 5 个以上的按钮。经过精简优化，第一版的快的 App 里还是有两个按钮，一个是用户发单按钮（乘客通过这个按钮来发送自己的打车需求），另一个按钮是司机选单按钮（司机通过这个按钮来抢单）。这两个按钮给司机和乘客都造成认知困扰（即学习能耗偏大）。而滴滴公司最初设计了复杂的注册环节（为了确保较低的安全能耗，但却增加了用户的时间能耗和学习能耗）。

卡拉尼克曾经在马云开办的湖畔大学分享过自己的创业心得。他说，对于创业者来说需要创造魔力，创造魔力的第一步就是要首先知道什么是魔力，优步把魔力分解成四个重要环节：

- 第一个环节是你有没有把时间归还于人们；
- 第二个环节是你有没有把平静感带给人们；
- 第三个环节是你有没有把喜悦感带给人们；
- 第四个环节是你有没有给他们更多钱。

卡拉尼克说：“如果上述四步都同时做到的话，你就在魔力之处了，那你创造的东西是真正有魔力的，真正能够转化为未来可能发生的东西。”[①]

仔细体会卡拉尼克的总结，他虽然没有使用本书最新提炼的“能耗”概念，但这四条实际上都可以置入综合能耗的框架（第四个环节，帮人们省钱等同于给他们更多的钱）。

目前，滴滴和快的这两家公司经过一场耗费十几亿元的烧钱大战（能耗大战）后，在资本力量的推动下，合并为一家，并更名为滴滴出行，直接和优步在中国市场展开了新一轮的能耗大战。截至本书写作之际，优步估值625亿美元，滴滴估值280亿美元，都是全球互联网产业中炙手可热的明星企业。[②]

---

① 资料来源：http：//mp.weixin.qq.com/s？ __biz=MzA5NjI5MTExMQ==&mid=2652828750&idx=1&sn=6218cd02c00ce7b954889b9130704811&scene=23&srcid=0724KEv242iEfDORo2OwyTj6#rd。

② 资料来源：http：//tech.qq.com/a/20160617/036772.htm。

就中国市场而言，如果后来滴滴没有收购优步中国，而是两家继续竞争，那么鹿死谁手，谁能取得最后的胜利，还是要看谁能够更好地用低能耗的模式去解决高能耗需求。

超越隐性能耗

我们已经十分清楚，高能耗点里蕴藏着大好的商业机会。但是，在现实中，还没有建立起商业模式能耗观的人们，囿于认知惯性和行为惯性，还是会对很多高能耗点司空见惯，视若无睹。这也给那些更为敏锐的观察者们提供了创新立业的机会。

比如，做过家政服务的人都知道，拖地是一项很烦琐吃力的活。拖把用脏了，在清水中涤清后，需要用手将拖把里的水绞干，才能继续使用。而旋转拖把这项新发明，则可以在自带的塑料桶里，通过旋转将水甩干，大大节省了能耗，还不用弄湿双手，原本费时费力的苦差事变得轻松了许多。

发明旋转拖把的人是美国的一位单身母亲，名叫乔伊·曼加诺（Joy Mangano）。她因为自己的这项发明而被评为“世界上十位最具有创造性的女商人”之一，她的创业经历也被好莱坞改编为电影《奋斗的乔伊》（*JOY*）。[①]

又如，2005年6月上线的汽车之家网站，是一家为消费者提供买车、用车、养车及与汽车生活相关全套服务的内容网站。这家网站的成功也是因为突破了惯性的能耗认知。当时，多家类似的汽车服务内容网站在受汽车厂家之邀参加新车试驾后，一周之后能够发布厂商提供的通稿和新车突破，就算是十分重视了。很明显，这还是报纸的思维模式（这些网站的从业人员大多从传

① 资料来源：http：//mp.weixin.qq.com/s？ __biz=MzA5NjI5MTExMQ==&mid=2652828216&idx=1&sn=130d5eee9f06c36ed705d6d77ef7ff08&scene=23&srcid=0529lkGRkMcRriPAFPZxQEWW#rd。

统媒体跳槽而来）。但汽车之家上线后，第一次参加这样的试驾活动，却于当天晚上的12点47分连夜发出了独立撰写的文章。

这一举动被同行们嘲笑不已，同行们甚至成立了一个现在看来十分可笑的“不当日更新联盟”。互联网最大的特性就是能够极大地消除时空能耗，但这些被惯性思维束缚的内容从业者却无视这一特性。汽车之家作为一匹黑马，除了当天发稿，还在周六周日更新网站资讯，建立汽车的数据库等。这些举措极大地缓解了客户的能耗烦恼，从而赢得了广大汽车厂商的青睐。

上线仅仅6个月后，汽车之家的网站流量排名就进入前5名，2年后稳居第一。①

上述这两个例子中的高能耗是比较明显的，可称之为“显性能耗”。针对显性能耗的消解相对容易，而另一类“隐性能耗”则相对不那么容易觉察。但是，只要我们记住一个规律，并善于观察，就可以迎刃而解。这个规律就是：

消费者会自动趋向于精简需求，以实现低能耗的满足。

很多商业模式的设立是出自经营者的一厢情愿，并不能完全契合消费者的真实需求。这种不契合有两个向度。

一个向度是冗余满足，即为消费者过多地提供了他并不需要的产品或服务。另一个向度是匮乏满足，即不足以满足消费者。

当出现匮乏满足时，消费者一般会用脚投票，在可能的范围内转而寻找其他的替代品。当出现冗余满足时，消费者则会聪明地收缩聚焦，以排除自己不需要的部分。

这正如人们总是会在草地上踩出最合理的捷径一样。如果商家能够及时

① 资料来源：http：//media.sj998.com/shangjie/462347.shtml。

捕捉到消费者这种微妙地消解隐性能耗的信号，便可以援为己用。

很多人知道，苹果公司摧毁了旧有的音乐工业，重建了新的流媒体运行规则。这一摧毁的具体方式就是“单曲模式”。

在苹果公司的 iTunes 网上商店推出 0.99 美元下载一首正版歌曲之前，音乐的销售都是按照专辑来卖的，消费者必须购买整盘磁带或整个 CD 光盘（里面一般有 10 首以上的歌曲），才能拥有自己喜欢的那一两首歌曲。

这是一种典型的冗余满足。消费者其实并不需要光盘里所有的歌曲，但不得不买下整个光盘。这自然造成了消费者的能耗增升。

苹果的单曲销售模式，就给了消费者更加灵活地选择。但事实上，这一低能耗的解决方案并非苹果的原创，而是消费者自发的推动。

苹果公司的老师其实是音乐在线共享软件 Napster。Napster 是第一个被广泛应用的点对点（Peer-to-Peer，P2P）音乐共享服务，它可以将 CD 上的歌曲转化为 mp3 格式，从而使音乐爱好者间共享 mp3 音乐变得十分容易。最高峰时，Napster 拥有 8000 多万用户。这在 2000 年前后是一个极其惊人的数字。

这也招致了整个音像产业对其展开了大规模的侵权诉讼。1999 年，国际五大唱片公司起诉 Napster，指其涉及侵权歌曲数百万首，要求每首盗版歌曲赔偿 10 万美元。2000 年 2 月，法院判定 Napster 败诉。Napster 提出上诉，二审依然判其败诉。

苹果的单曲销售模式正是源自 Napster 的单曲分享模式，而 Napster 的单曲分享模式则是源自普罗大众的真实需求。Napster 在极短的时间内拢聚的庞大用户群体有力地证明了这一点。音乐本来就是以单曲为单位的，只是音像界出于自身的利益诉求，才以打包的形式出售。

只有符合消费者能耗诉求的商业模式才能迅速做大，强势运营。

苹果的 iTunes 商店的成功就是这一观点最好的支撑。而另一个看似很不起眼的案例也是很好的例证。

一家叫作 Drybar 的美国美发沙龙，仅靠一把电吹风机就创造出了 7000 万美元的年收入。[①]

这个商业奇迹的创造者艾莉 • 韦布（Alli Webb）正是抓住了“消费者会自动趋向于精简需求，以实现低能耗的满足”这一规律制胜的。

吹头只是美发服务中最简单、最基础的一个环节。在艾莉 • 韦布之前，从来没有人会将其作为支撑整个商业模式的唯一业务。但事实上，对于十分关注自己的社交形象的女性来说，剪发、烫发和染发都是低频的需求，两次需求之间的时间间隔很长，而吹出一个好发型则是高频的需求，甚至可能每天都少不了。在现实的美发店里，我们经常可以看到很多女性主动提出洗头吹头的要求。但是很多人囿于美发行业的惯性认知，并没有高度重视这种冗余满足，并加以更正。

2010 年，艾莉 • 韦布在洛杉矶富人区布伦特伍德开了第一家 Drybar。她利用电子邮件进行营销，告诉女性顾客这里有一家专门吹头发的门店，不剪发，不烫染，看不到满地落发，也不用经受刺鼻的化学染发剂的“考验”。很快，就有 1000 位客人预订了这项服务。半年后，韦布又在加州连续开设了三家门店。

顾客纷至沓来，足以说明，此前全功能的美发店与顾客频度最高的需求并不匹配。艾莉 • 韦布顺应顾客的低能耗真实需求，很轻松就踏上了成功的快车道。

---

① 资料来源：http：//money.163.com/16/0718/17/BS98MTHU00253B0H.html。

2012 年，Drybar 获得了 1600 万美元的投资，并借此迅速扩张。韦布算过一笔账，Drybar 每开设一家新店的投入成本约为 50 万美元，其平均净利润超过 15%，高于普通美发店的 10%，大多数门店在一年之内就能收回投资。

目前，Drybar 在美国加利福尼亚州、佐治亚州、得克萨斯州、亚利桑那州、纽约州、华盛顿特区等地共开设了 60 多家连锁店，并计划进军加拿大和英国市场。

苹果 iTunes 的单曲售卖和 Drybar 的专攻吹头，折射出的是人们不易觉察的隐性能耗。商家理所当然认为的最小业务单位中，往往隐藏着巨大的节能空间。聪明的顾客会用行动做出选择，并以此发出信号，关键就看商家能否识别并加以利用。

最低能耗的动态演进

我们一直强调，最低能耗是一个相对值。所以，消费者对于最低能耗的追求是永无止境的。

我们可以从出行导航这个小切口进入，来看看最低能耗的螺旋式动态演进。

随着自驾出行越来越成为主流的生活方式，对于非职业司机来说，准确识别道路、避开交通管控就成了一大难题。为了解决这个高能耗问题，利用 GPS 系统的车载导航随之出现。

车载导航堪称削减能耗的利器，能够极大地冲销司机因不熟悉道路而带来的巨大的时间能耗、空间能耗、安全能耗、关联能耗等。尽管价格不菲，但人们还是愿意付钱购买。

但是，车载导航用久了之后，新的能耗点又产生了，主要有：

1. 城市及城市之间的建设日新月异，道路情况变化很大，车载导航的地图更新周期长，不够及时，往往出现错误导航的现象（涉及时间能耗、空间能耗、关联能耗的增加）；

2. 更新地图意味着重新下载，需要向厂家支付费用（涉及价格能耗的增加）；

3. 没法根据道路拥堵情况做出及时的指引（涉及时间能耗、空间能耗、关联能耗的增加）。

智能手机成为日常生活的标配后，手机导航逐渐取代车载导航。智能手机的实时联网，不但可以及时更新地图，还能够知悉实时路况，从而可以有效地避开拥堵。而且，手机导航在激烈竞争的推动下，很快成了免费供给的服务了。这一举解决了上述时间能耗、空间能耗、价格能耗和关联能耗等，将大批用户从车载导航迁移为手机导航。据艾瑞咨询的中国车主最常用导航设备调查数据，42.4% 的车主在车内选择手机导航，而坚守传统车载导航的仅有 30.6%。根据高德地图的数据，其躲避拥堵功能，每月能够仅在北京一地就可为车主累计节省拥堵时间 700 年，油耗 1840 万升。①

但是，手机导航依然也有其自身的不足。主要有：

1. 手机屏幕较小，不利于在行驶过程中观看（涉及时间能耗）；

2. 手机与车身的非一体化，在行驶过程中可能出现掉落等情形（涉及时间能耗、安全能耗）；

3. 手机的其他功能，如在导航过程中突然来电，可能对导航或驾驶造成负面影响（涉及安全能耗）。

这些新的能耗点给导航及出行服务供应商提供了新的改进空间。拥有 5 亿手机地图用户的高德地图于 2016 年 4 月 7 日发布了高德地图车机版（AMAP AUTO），号称要做“比手机还要好用的车载导航”。

① 资料来源：http：//auto.sohu.com/20160408/n443691996.shtml。

高德地图的车机版配备了联网功能，可以方便地联接车内网络或手机热点，实现手机导航已有的所有功能，并避免了上述手机导航的不足之处。而且，车机版和手机之间的无缝对接，还能采用更多的方法来节省综合能耗：

1. 在数据更新上，车机版的“手机互联”功能可以将手机上的地图数据直接传输给车机，从而节省了流量，实现地图数据多端共用；

2. 车机版的地址输入功能，不仅内置多个常用地址分类，可以实现一键选定目的地，还可以通过“一云多屏”功能，通过手机搜索位置，然后直接发送给车机，并在抵达目的地的最后一公里由车机发送回手机，以实现完整出行的无缝衔接；

3. 导航界面与车辆大灯信号联动，当外部环境变暗，大灯开启时，导航会自动切换至夜间模式，让司机体验到更好的显示效果。

从不能联网的车载导航，到手机导航，再到可联网的车载导航，这是一个螺旋式上升的动态演进过程。在这个过程中，旧的高能耗点不断被消除，新的能耗点又随之产生，并刺激新的商业模式的开创。商业就在这个永无止境的过程中不断进步。

当然，用户对于低能耗的向往是永无止境的。出行导航各个环节的能耗永远都存在着提升空间。

与此同时，室外导航系统在节能上的不断优化演进，直接诱发了人们对于室内导航的强烈需求。现代大型的购物中心、飞机场、火车站，往往结构复杂，布局多元。对于徜徉其中的人们来说，时间能耗、空间能耗居高不下。根据能耗最低法则，室内导航必将成为一片全新的竞争热土。

出行导航的能耗竞争给我们展现了一个纵向演进的范例。而支付方式的竞争则给我们提供了一个横向博弈的范例。

在信用卡出现之前，人们只能用现钞结账。大额交易和细碎找零都存在不便之处（能耗较高）。有了信用卡，这些问题就解决了。后来，随着智能手机的普及，阿里巴巴旗下抓住移动支付的浪潮，采用各种优惠减免推动用户克服学习障碍，在手机上下载使用支付宝的 App。

腾讯公司在微信应用火了之后，不甘心将移动支付的巨大市场拱手相让，于是推出了设计精妙的春节抢红包活动，利用玩具思维带来的能耗钝感（参见本书第 6 章“能耗悖论”），大肆反攻，争夺移动支付的市场份额。这一次红包活动的强力突袭，让支付宝出了一身冷汗，马云甚至将其称为“突袭珍珠港”。

支付宝和微信支付由此成为移动支付占据前列地位的主导者。相对于通过 POS 机刷银行卡，这两种利用手机扫二维码支付的方式，综合能耗较低。但是，从能耗的角度依然还有提升的空间。这两种支付方式，还是要在手机上打开支付界面，点击进入二维码扫码环节，才能进行支付。

随后苹果公司利用近场通信技术（NFC）推出的 Apple Pay，则又比上述两种方式更为便捷。

2016 年 2 月 18 日，中国银联宣布“云闪付”正式开通支持 Apple Pay 服务。①

用户在使用 Apple Pay 之前，首先需要将 iPhone 手机的 iOS 版本升级到 v9.2，然后打开系统自带的 Wallet App，按照提示绑定银行卡，整个绑卡过程比较简单顺畅。这个过程是任何一种新的支付方式避免不了的学习能耗。

使用 Apple Pay 支付时，待收银员在 POS 上输入信息后，用户无须唤醒手机，直接把手机靠近 POS 机，再用手指按住 Touch ID（指纹触控），听到“嘀”

① 资料来源：http：//mp.weixin.qq.com/s？ __biz=MjM5MTI4OTQ3Ng==&mid=2649560232&idx=7&sn=029e5b73c06d336ff8fe48ca64a28e96&scene=23&srcid=0420OC0Kgo6PyjEjWsJSX6eO#rd。

的一声后，在 POS 键盘上输入银行卡密码就完成了支付，未来还有望实现小额支付免输密码。

Apple Pay 的能耗优势相较于支付宝和微信支付，主要体现在：

1. 不用解锁手机，更不用打开 App，而扫码支付必须要打开手机和 App。
2. 手机不联网也可完成支付，而支付宝和微信的扫码支付必须联网。

上述两项主要是针对时间能耗和空间能耗的削减。另外，从关联能耗来看，Apple Pay 可以绑定的银行卡不仅限于本人名下的银行卡，还可以绑定自己家人的银行卡，而微信和支付宝用户只能绑定与自己真实身份一致的银行卡，无法在自己的账户内绑定他人的银行卡。这也是 Apple Pay 具备能耗优势的地方。

但是，支付宝的先发优势，以及微信的巨大用户群体，已经让很大一部分用户形成了认知惯性，苹果的 Apply Pay 要想攻城略地，从它们手中抢份额，也并不容易。尽管 Apply Pay 在时间能耗、空间能耗上有一定优势，但在突破认知惯性的学习能耗上，却需要仔细衡量。

展望未来，这三种移动支付模式还将展开激烈的竞争，这在本质上就是能耗博弈。哪一家能够让消费者用最低的综合能耗来进行支付，就将取得这一关键领域的主导权。

就总体而言，无论是纵向的动态演进，还是横向的动态博弈，千言万语归于一句话，都是奔着综合能耗最低这个根本目标而去的。

能耗的陷阱

营销的目的就是让消费者低能耗地与某一个商业模式建立联接。

做不到这一点的公司，无论公司实力多么强大，投资多么巨大，都只能黯然面对失败的结局。

Homejoy是美国家政O2O的鼻祖，也是家政业共享经济的明星公司。它借鉴了优步中心总调度的方式来为用户提供钟点工家政清洁服务。Homejoy平台所关联的家政工就像优步所关联的司机一样，并非公司的雇员，而是可以自行调配时间的自由工作者。通过Homejoy平台，用户可以根据自己的需求提前24小时对钟点工服务进行预约，服务价格为20美元/小时。

从2012年7月成立伊始，Homejoy就备受瞩目。Homejoy最初在硅谷最著名的孵化器Y Combinator孵化，2013年3月获得了170万美元的天使轮投资，同年10月完成A轮融资，2个月之后又宣布了3800万美元B轮融资。总投资额超过了4000万美元。对Homejoy抱有期望并投入巨资也是硅谷赫赫有名的风险资金，包括Redpoint Ventures、Google Ventures、Andreessen Horowitz等都在其中。

Homejoy的发展势头也很猛。不到一年半的时间，已经拓展到了美国和加拿大的31座城市。2015年4月，Homejoy宣布开拓国际市场，连续在英国、德国、法国等地启动业务，进军欧洲市场。

但是，就是这么一家头顶光环的明星公司，在公众的一片看好中，竟然在2015年7月突然宣布倒闭，引发业界的一阵唏嘘。

唏嘘之余，人们不得不追问Homejoy到底为什么会失败？

从能耗最低法则的角度，我们可以很清晰地梳理出导致Homejoy失败的能耗陷阱。正是这些能耗陷阱的存在，耗尽了Homejoy曾经丰厚的能量储备。

Homejoy设计的预约模式是随机分配家政工。每次用户下单，平台都会推荐一位陌生的家政工给用户。但是，家政服务和其他服务不一样的地方在于服务发生的场所是用户的家中。任何一个用户都不希望自己的家就像是一个公共场所，谁都可以来。所以，用户在选择家政工的时候，一定有信任度方面的考虑（安全能耗）。Homejoy 最初采用低价、折扣等优惠措施极大地降低了价格能耗，推动用户客服安全能耗的障碍而选择与平台合作。在合作的过程中，如果用户对某一位家政工的服务表示满意，并且在双方建立起了信任关系之后，用户是希望与这位家政工长期合作的。这样才是能耗最低的选择。但是，Homejoy 却要求用户每次都要提前 24 小时预约。这就增加了用户的时间能耗。Homejoy 随机派出的家政工，又增加了用户的安全能耗和学习能耗（两者需要相互了解磨合）。

这些高能耗环节的存在且受制于平台的算法而无可调和，自然会促动消费者自动寻求更为节能的满足方式。于是，用户与家政工绕开平台，私下达成长期合作协议的可能性就大大增加了。两者的私相授受，不但省去了提前 24 小时预约的麻烦，还可以节省一笔被 Homejoy 平台收走的佣金价差（Homejoy 向用户收取每小时 20 美元的费用，同时向家政工支付每小时 13 ~ 18 美元的薪水）。

这可以说是 Homejoy 的致命之伤。越是通过该平台找到了心仪的家政工的顾客，就越是有能耗动力跳过 Homejoy，直接与家政工建立长期雇佣关系。Homejoy 的平台价值就这样因为能耗过高而快速流失了。

在家政服务业中，按照惯例，都是采用现金交易的。由于美国社会的信任度较高，房主一般把钱放在家里需要清扫的地方，家政工完成工作后，直接拿钱走人就可以了。这样，房东无须在清理的时候等待在家，家政工也无需等待房主下班回家后再用信用卡结算。

但是，Homejoy 作为第三方平台，为了准确监控家政工的真实收入，规定必须使用信用卡支付。这样做，平台可以完全掌控运营收入，但却对房主和家政工都带来能耗增量。房主和家政工之间的相互等待，大大增加了时间能耗。而家政工通过信用卡收取家政服务费后，每一笔收入都被记录在案，累积之后会导致他多交税。也就是说，家政工原本通过收取现金而合理避税的路径被堵死了。长此以往，这一环节的价格能耗积少成多，减少了家政工的真实收入，也导致家政工缺乏继续与 Homejoy 平台合作的意愿（Homejoy 付给家政工的薪水本来就比其最大的竞争对手、家政行业老大 Handy 低，Handy 的薪水标准为 22 美元 / 小时）。

上述不易觉察的能耗陷阱明显拉低了 Homejoy 的客户回头率，并提高了优秀家政工的流失率。

而另一方面，Homejoy 为了快速扩大平台规模，拥有更大的用户数，与团购网站 Groupon 合作，大量采用了低价优惠的方式进行招徕。这使得被吸引而来的大多是能耗敏感度很高的客户，有了便宜才蜂拥而至，一旦价格调回正常区间，就呼啸而去。

在这双重因素的作用下，Homejoy 的平台黏性自然不容乐观。据 Homejoy 员工向《福布斯》透露，Homejoy 的客户在一个月内会再上门的回头率只有 15%~20%，而竞争对手 Handy 的一个月内的客户回头率则超过 35%。[①]

再从整体上来看，Homejoy 为了继续拿到风险投资，刻意以规模换取投资人的信任。其疯狂扩张背后的动力就在于此。但问题是，Homejoy 的扩张是以低价开路的，每一单都需要公司补贴才能盈亏平衡，从而事实上每做一单，公司就亏一单。在这样的套路下，4000 多万美元的能量储备很快就被烧光了，风投虽多，也不可能任由 Homejoy 像一个无底洞一样肆意亏损。一旦后续没有风投跟进，Homejoy 的失败命运也就注定了（这一扩张模式涉

① 资料来源：http：//mt.sohu.com/20150731/n417957536.shtml。

及能耗平衡法则，详见本书第4章）。

2016年1月27日，Homejoy联合创始人张亚伦（Aaron Cheung）宣布将公司改为Homeaglow，重归家政业。这再一次引起了人们的关注。[①]

张亚伦给Homejoy的老客户群发邮件，声称Homejoy的回归，将以“只提供最好的服务”为核心，号召Homejoy的老用户们进行预约体验，并提出建议。

张亚伦在邮件中提出了Homeaglow的改进意见，其中最重要的两条是：

1. Homejoy后期曾经改良算法，允许用户定制家政工，但为时已晚。现在，Homeaglow明确提出，用户可以持续预约他们所青睐的家政工；

2. 在佣金标准上，Homejoy支付给家政工的是13～18美元/小时的固定薪水。而Homeaglow则给了家政工根据市场情况，自主报价的权力。比如在旧金山的高档社区，优秀的家政工供不应求，每小时报价可以达到30美元甚至更高。

显而易见，这两条措施就是为了规避曾经让Homejoy沦落的能耗陷阱的。按照张亚伦的设想，无论是用户，还是家政工，其能耗都将趋低。但Homeaglow能否就此崛起，也还要看看竞争对手的表现（属于关联能耗的范畴），答案总归只有一个：谁的综合能耗更低，谁就有望胜出。

国内快递业巨头顺丰速运公司，在进军社区O2O时开设的“顺丰嘿客”实体店，也因为落入能耗陷阱而付出了价值10亿元血淋淋的学费。[②③④]

2014年5月18日，顺丰在全国一些主要城市的社区或者商业中心附近

① 资料来源：http：//36kr.com/coop/zaker/5042861.html。
② 资料来源：http：//tanhaisheng.baijia.baidu.com/article/64076。
③ 资料来源：http：//mt.sohu.com/20150827/n419917210.shtml。
④ 资料来源：http：//money.163.com/14/0820/10/A4378MJS00253G87.html。

一举开设了518家“嘿客”门店。其营业模式主要是在可视化的空间内部展示有支付二维码绑定的具体商品，供客户选择，以实现线上购物、线下消费。

顺丰公司本是物流快递行业的王者，一向与电商密不可分。很多电商的最后一公里难题都是靠顺丰解决的。顺丰既然能够有效覆盖到终端人群，为什么不补足下单购买这个环节，让自身拥有一个完整的O2O产业链条呢？

这个设想听起来非常美好，所以顺丰敢于投巨资，开设实体店，打造“社区实体店＋网购预售＋快速配送”一体化的O2O模式。顺丰首批嘿客门店是518家，很快就扩张到了2000家左右。顺丰计划最终要在全国开40 000家嘿客门店。

平均而言，一家嘿客实体店的租金、装修、设施配备大约要花50万元，2000家门店最终让顺丰烧了约10亿元。但最终这笔巨款却是血本无归，以至于顺丰的一位老员工吐槽说：“嘿客就是一个赔钱卖东西的仓库。”顺丰速运公司的CEO王卫后来也反思说：“2014年是顺丰成立20多年以来创新变革最多的一年，虽然创新很多，但是在我看来，差不多有一半是不成功的。”

那么，顺丰嘿客到底为什么会失败呢？

我们可以通过一位亲身探访过嘿客店的朋友的描述，来看看顺丰嘿客的模式中到底存在着什么样的能耗陷阱？①

杭州城西银泰商场对面“万家花城嘿客店”的面积约30平方米，是杭州最大的一家嘿客店（其他的嘿客店一般都是10平方米的小店），里面设有实物商品展示”，有1袋大米、1袋粉丝、1盒高档进口水果、1盒笋干、4盒咸鸭蛋皮蛋土鸡蛋、2瓶橄榄油、1瓶红酒、1个中兴手机的A4广告牌，还有2台乐视电视机正在播放农产品的广告：散养土鸡，每只198元！

① 资料来源：http：//news.pedaily.cn/201406/20140610366943_2.shtml。

接下来是这位探访者与店员的对话：

- 问：这些商品都还不错的样子，我现在付钱可以买走吗？
- 答：不可以，这些都是展示的，你可以在我们店里电脑上下单，过两天送过来，你过来拿。
- 问：那我干脆直接在家里电脑或者我的手机上下单好了，干吗非得来你这里下单呢？
- 答：我们这里有些商品是网上没有的。
- 问：哪些是现在网上没有的？
- 答：比如这个笋干啊。

探访者立即用手机淘宝搜索这个笋干，发现淘宝上的价格是69元包邮，与嘿客店的价格相差不多。

探访者看到，除了实体展示的少数几样商品外，其余商品都是以墙上张贴图片的形式来展示，大约三分之一的图片附有二维码，其余的都只是标注了价格。附有二维码的商品图片比较清晰，没有二维码的图片，边缘锯齿化非常严重，很像是从网站上直接复制下来的图片放大以后的效果。

- 问：这些二维码扫一下就可以手机支付买了吗？
- 答：不是的，你扫描以后，直接进入这个公司的网站，你要在他的网站上下单购买。
- 问：那这些没有二维码的，我如何购买？
- 答：这些商品其实还没有正式开通，具体价格不能看这个标注的，要以网站的实际价格为准。
- 问：你的意思是这上面的价格还不一定啊？
- 答：对的，网站价格天天变化的。

- 探访者随机扫描了有二维码的几个商品，发现其中有2个商品的价格，网站价格远远低于嘿客店广告上标注的“顺丰价”。

探访者开始操作店里的平板电脑。电脑桌面上有顺丰优选、淘宝、天猫等图标，点击进去，和平时的网购页面一样。

· 问：我操作了电脑，这个和我在家上天猫买东西一模一样啊，我想问问，我在这里买和在家里买，到底有什么不同？

· 答（想了很久）：在这里买，退货方面会有保障，我们可以替您和对方厂家沟通。

· 问：退货？为什么要退货？

· 答：比如您买了咸鸭蛋，发现过期了，或者压碎了，我们可以马上为您协调退换货。

· 问：现在淘宝京东买东西退货都很方便啊，支付宝啊，差评啊，还有呢？其他服务呢？

· 答：嗯……对，很多老人不会操作电脑的，我们这里就很方便地帮他们买东西啊。

· 问：连电脑都不会用的老人，你觉得他们会有支付宝账号吗？他们会有旺旺账号吗？会有网上银行账号吗？他们应该是更愿意去菜市场或超市买吧，看得见摸得着？

· 答：……也不一定。

· 从上述对话中，结合能耗最低法则，我们可以发现顺丰公司的嘿客门店存在很多的高能耗点。

第一，顺丰开设嘿客店，原本是对准经由快递业务积累而来的4000万优质高端客户的。但是，这些高端客户原本享有的是顺丰的快递上门服务。如果继续送快递上门，就不可能让嘿客店和这些客户发生联系。如果让这些客户到实体门店自行取件，势必增加他们的时间能耗和空间能耗。所以，这批客户其实只是嘿客店的“水中月、镜中花”，只能停留在想象中。在上述对话中，店员在探访者的追问下，只能说可以帮助很多不会用电脑的老人进行网上购物。这等于是彻底调换了目标客户群体。

第二，嘿客店里只有少数实物商品，而即便是这些商品，也只是充作样品，不能直接购买。顾客只能通过扫描店里的二维码或在平板电脑上下单，然后回家等待一两天，等快递员送货上门。这样的购物模式其实和其他的网购没有太大的区别。顾客何必要耗费时间能耗和空间能耗，跑到嘿客店里来下单呢？

第三，从价格对比来看，嘿客店也几乎没有什么优势，不能帮助用户节省价格能耗。

第四，从货品数量来看，嘿客店劣势明显。顾客只有少量的选择，没办法一站式购买更丰富的商品，这会大大增加顾客的时间能耗。

嘿客店这么多的高能耗点，构成了一个巨大的能耗陷阱。顺丰很快烧掉了 10 亿元“学费”，给所有的 O2O 从业者买回来一个天价的教训。

Homejoy 和顺丰嘿客这两家曾经风光无限的企业的失败，存在着一个共通性，即没有站到用户的角度去切身体会他们的能耗支出。当消费者没有办法低能耗地与你的商业模式建立联接，任何美好的设想都是不可能成功的。

这也提醒所有的商业运营者，一定不要忽视能耗陷阱的存在，不要在不知不觉中背离了能耗的最低法则，以免血本耗尽，颗粒难收。

低能耗大趋势

在岁月的长河中，没有一个商业模式是持久有效的。无论是传统企业的代表柯达公司，还是新兴企业的代表雅虎公司，虽然曾经独领风骚，笑傲风云，但最终都无可避免地走上了衰亡的归宿。

对于柯达公司和雅虎公司的失败，曾经有很多种解读。如果我们从能耗的角度就会发现，其根本的原因就是它们既有的商业模式从曾经的低能耗领先逐渐变成了高能耗落后。相比数字摄影的各种方便快捷，柯达的胶卷摄影的能耗实在太高了。相比于移动 App 提供的各种内容信息，雅虎固守的网站模式能耗实在太高了。

凡是不能做到低能耗联结顾客的商业模式一定会失败。这是自然界颠扑不破的法则。而且，这种向低能耗进发的大趋势在各种新技术、新思维的推动下，越来越明显，越来越快。

据报道，美国政府宣布投资 4 亿美元支持 5G 无线技术研究。5G 的速度将比现在的 4G 快 100 倍。①

美国政府列举了 5G 无线网络给未来 10 年可能带来的变化，包括：

1. 用户在 5 秒内下载完一部高清影片，这比 4G 网络快 100 倍，比 3G 网络快 2.5 万倍；

2. 急诊医生可通过警用车辆、救护车或无人机等在患者尚未抵达医院前就实时获得他们的视频和传感器数据；

3. 半自动或全自动驾驶汽车能与其他车辆通信，从而提高出行效率与安全；

4. 使得学校、商场、公共交通站台、体育场、公园和其他公共场所能够提供千兆级别的无线网速；

……

美国政府在声明中还说：“总体而言，这些频谱开放政策和研究努力将加快网速比今天快百倍的新一代无线网络的部署，这些超级快速、超低延时、高容量网络将使智能城市和物联网应用等成为可能。”

显而易见，当作为商业基础建设的互联网联接的速度越来越快，所有商业模式的时间能耗将大大降低。这将是未来低能耗大趋势的支撑性力量。

---

① 资料来源：http：//tech.163.com/16/0717/10/BS5UUBCI00097U7T.html。

与此同时，其他高新技术的发展也将为低能耗大趋势推波助澜。

比如，疯子创业家埃隆·马斯克（Elon Musk）提出的“超级高铁”（Hyperloop）项目，就是一个能够将时间能耗和空间能耗降至不可思议程度的惊人构想。[①②]

这套全新的高速运输系统采用铝制的胶囊为运输工具，而不是传统的火车车厢。人们也因此将其称为“胶囊列车”。具体运行时，只要将铝制胶囊放在真空的管道中，然后像发射炮弹一样将它发射到目的地。

由于避免了轮子与轨道之间的摩擦力，“超级高铁”时速可达1220公里，乘坐“超级高铁”从美国洛杉矶到旧金山只要30分钟，而从北京到纽约只需要2小时，仅为直达航班时间的1/6。这简直是骇人听闻的速度！

由于胶囊列车采用了新式的密封管道设计，列车可以在多种天气下在城市之间无缝连接。其轨道除了可以自动调节内部环境的系统，还能够抵御地震的影响。得益于此，列车的轨道可以架空在城市车道的上方，以节约城市空间并降低土地收购等建造成本。而且，该系统还能利用太阳能发电。

当然，对于消费者来说，胶囊列车初始期的价格能耗毫无疑问会非常高。但其综合能耗对于时间敏感型人群而言，却是很占优势的。而且，价格能耗也一定是呈下降趋势的。

在技术进步推动低能耗大趋势的同时，顾客的消费心态也发生了根本性的变化。

如今的社会，人们仿佛进入了一个集体性儿童时代。前所未有的技术、前所未有的权力、前所未有的便利，都被赋予了消费者。当需求出现时，人

① 资料来源：http：//mt.sohu.com/20160510/n448744237.shtml。
② 资料来源：http：//www.mnw.cn/news/world/975621.html。

们表现出了前所未有地缺乏耐心，拒绝任何的延迟满足，只想要即刻满足。这意味着他们不希望多耗费哪怕是一丝的能耗！

这样的心态是典型的儿童心态，而非成年人心态。但是，整个社会，无论多大的年龄，这种集体性儿童心态已经日益成为主流。这也对未来的商业模式的综合能耗提出了严苛的要求。

综合来看，低能耗大趋势已经是势不可免，也势不可挡。只有顺应这个大趋势的商业模式，才有望赢得未来。

04 能耗平衡法则

只有能量输入和输出之间保持大于等于零的顺差，企业才能说是取得了持续性的成功。能耗平衡是任何一个商业模式的立身之本，其重要性无论怎么强调都不过分。价格能耗趋零之后的调升很难再保持对用户的黏性，必然会导致用户大量流失。一个商业模式在环境体系中的生存，是根据它对所处环境具有的影响和意义来决定的。当某个商业模式对生态有害无益，环境体系自有消灭它的方式出现。

能耗最低法则是纯粹站在消费者立场上来检视商业模式的。但商业模式作为人、钱、物、信息这四类基本要素组合而成的一种生态性结构，不能只关注消费者，还必须关注为消费者提供产品或服务的企业。在这一章中，我们切换到企业的立场来做进一步的分析。

为了确保消费者的需求得到低能耗的满足，企业必须承担相当的能耗。同时，企业是通过为消费者提供产品或服务来得到最终以货币形式体现的消费者能量回报的。如果企业的付出与得到之间不相匹配，那么，当初期的能量储备消耗殆尽后，企业就会落入无力回天的泥淖。

只有能量输入和输出之间保持大于等于零的顺差，企业才能说是取得了持续性的成功。

任何一个商业模式都必须考虑能耗平衡的问题。

快的代价

在商业模式的能耗结构中，时间能耗是很重要的一个组成部分。因此，很多商业运营者都会采用“快策略”来削减顾客的时间能耗，甚至有一些人把武侠江湖传言的“天下武功，唯快不破”奉为商战博弈的不二法则。

但是，“快”不可能凭空而来，需要企业付出巨大的代价。

成立于2010年6月9日的“快书包”，刚开始时专营图书销售，口号是打造“网上711”。其最大的运营特色就是“一小时配送”，而且还不收配送费。

快书包的经营模式源自创始人徐智明的一次经历。徐智明本是广告人，后来创办了北京龙之媒实体书店，专营广告类专业书籍，获得了很大的成功。2008年，徐智明出差到杭州，在酒店里他把随身带着的书看完了，就和同行的朋友琢磨，能不能在酒店的床头放一本商品目录册，打一个电话，20分钟就能送来？而且品类也可以不仅限于图书，其他一些快消品也可以放入目录。

正是这个念头促使他在两年后创立了“快书包”。

快书包通过当时迅猛兴起的新浪微博做营销，一炮打红，节省了一大笔推广品牌的营销费用。2011年10月5日，苹果公司的创始人史蒂夫•乔布斯去世。关于这位传奇人物的传记也紧紧抓住了众多果粉的注意力。快书包抓住这次机遇，在《乔布斯传》上市的三天内，就销售了两万多册。这是一个非常不错的销售量。

但是，这颗创业明星却没能持续闪亮。2015年1月23日，徐智明在自己的微博上公开“叫卖”快书包，坦言1700万的投资已经烧光，直接宣告了这一模式的失败。

快书包的运营模式显然是符合能耗最低法则的。一小时内免费送书上门，可以极大地减小顾客的时间能耗、空间能耗和价格能耗，相对于其他模式，具备很大的优越性，这也使得快书包取得了阶段性的成功。但是，快书包却没能做到持续成功。

这是为什么呢？

我们先来看看，快书包是怎样来兑现“一小时配送”的。

徐智明将北京的中心区域划分为30多个片区，每个片区配备一名配送员，负责该区域的就近配送。为了节省时间，货物就存放在配送员家里。当时，智能手机还没有普及，微信也还没有出现，徐智明只能通过手机短信的方式来通知配送员送货。这种方式确实能有效保证一小时内送达，但也有一个很严重的弊端——对于配送员的依赖程度很高。一旦配送员离职或临时有事，其所负责区域的服务就会被迫中断。

快书包后来不得不改变方式，设立配送站，让配送员集中到配送站，同时设立仓库，让货品集中存放。这样，配送员之间有了调度的灵活性。但租用仓库，自然又增加了存储成本。

而快书包刚成立时，业务量并不饱满，配送员的工作达不到满负荷，但工资却必须要全额支付。这直接导致了快书包的运营成本的恶化。据报道，快书包的人力成本占到了整个运营成本的70% ~ 80%，这对于盈利良好的公司都是不小的负担，更何况是一个资金全部靠风投输血的创业公司呢？

徐智明后来在反思中说，他非常后悔自建配送队伍。他说：“这几年主要赔在人力上，在这方面，快书包每年都要贴上300万，五年一共赔掉1500万。”换言之，快书包引入的1700万元的投资，绝大部分都花在了人工成本上。①

不过，尽管创业失败，徐智明还是说：“我从没怀疑过自己的模式。”他坚持认为“这个服务对客户是有价值的”。

从能耗最低法则来看，快书包的模式对于顾客确实是有价值的。但是，这一模式却违背了能耗平衡法则而无法持续运营。如果不能解决能耗平衡的

① 资料来源：http：//money.163.com/15/0309/17/AK9GP89O00253G87.html。

问题，能耗再低的商业模式也只能昙花一现，最终只能在顾客恋恋不舍的目光中告别运营。

判断客户端的能耗，我们可以从时间、空间、价格、学习、安全、关联等六个维度展开分析。而判断企业端的能耗，我们实际上只需要看一个终极指标，这个指标就是资金流。因为企业及其人员为顾客提供产品或服务的一切支出（包括人、财、物），最终都要体现在资金上。

只有流向公司内部的资金净值在某一个时期内大于等于零的商业模式才是平衡的。

能耗最低的商业模式能够成功，而能耗平衡的商业模式才能持续成功。我们必须牢牢记住这一点。

徐智明在总结这次创业得失时曾经颇为不甘地说："如果再有 500 万，快书包也许能熬过来。"但这其实不是熬的问题。一个未能达致能耗平衡的商业模式，无论再烧多少钱，都是熬不过去的。[①]

事实上，快书包在宣告结束之前做过一次战略转型。2014 年 9 月 1 日，快书包宣布停止"一小时配送"业务，并推出了主打进口食品的在线"爱抢货"项目。但这时候发现"一小时配送"太过耗能，为时已晚。

《创业家》杂志针对快书包的这次战略转型对徐智明做过一次专访。[②]

在这次专访中，徐智明总结道："我们找到几样东西是符合一小时配送的。比如说口罩就是最典型的一小时需要的，去年我们卖了好几十万，尽管只有五块钱一个。第二个是白酒，真品茅台顾客基本都让我们送到餐厅、送到酒桌上。卫生巾卖得还可以，安全套是不需要的，因为真需要的时候太慢

① 资料来源：http：//tech.sina.com.cn/i/2015-02-02/doc-iawzunex9651063.shtml。
② 资料来源：http：//blog.kjyudes.net/qtyz/5453.html。

了，可能他就会选择去便利店或者用其他方式买了。”

快速高效的配送是一个高能耗环节。如果缺乏价格势能足够高的产品来对冲支撑这个环节的高能耗，整个商业模式必然会陷入能耗透支的困境而最终走向消亡。但是，像快书包这样受惑于《连线》杂志前主编克里斯·安德森（Chris Anderson）提出的免费理论的企业却不在少数。

2012 年成立的 O2O 项目“社区 001”，其运营模式主打住宅社区的在线购物。但社区 001 自己并不备货，而是和社区附近的大型零售商合作，向 5 公里以内的社区居民提供配送服务。最有意思的是，社区 001 也模仿快书包，承诺一小时送达。当然，配送也是免费的。

实际上，“社区 001”要做的就是超市的搬运工，将顾客需要的商品，从超市代购后，再送货上门到顾客家中。其盈利模式是，对顾客免费，从超市收取佣金。

“社区 001”这家没有仓储、没有物流、没有供应链的 O2O 公司着力于在超市和附近社区的顾客建立联接，顾客通过网站、电话、微信下单，平台从超市拿货，为用户送货上门，解决电商最后一公里的难题。对于超市来说，有了社区 001，就无须自己建配送队伍了，配送环节的能耗大大降低。对于顾客来说，想要什么，在网上下单，就用不着跑到超市里去了，也能大大节省能耗。

所以，刚一开始，风险投资十分看好这个商业模式，马上就投了 500 万美元。而社区 001 也很快宣布月营业额过亿元，估值随之而水涨船高，巅峰时估值超过了 20 亿元，红极一时。[①]

但是，社区 001 却好景不长。到了 2015 年 9 月左右，多家媒体报道社

---

① 资料来源：http：//mt.sohu.com/20151019/n423605192.shtml。

区 001 严重拖欠员工薪资。百度贴吧、新浪微博上也出现了很多关于社区 001 拖欠薪资的帖子。百度贴吧上还流传一份署名为社区 001 的 CEO 的公开信，信中称："社区 001 正处于重大战略调整和严峻挑战阶段，对于缓发薪资一事，我们正在积极解决，只要资金到位，第一时间就给大家发放。"并在信中坚称："融资工作月底就会完成，磨难就快过去……"

社区 001 到底发生了什么？为什么红极一时的明星公司转眼间就坠入深渊了呢？

2014 年 7 月 25 号重庆店正式开业，主要为社区居民提供一小时免费送货上门服务，货到付款，与超市同价，一元起送，购买社区 001 会员卡 200 送 30 元，500 送 87.5 元，1000 送 200 元。相当于顾客原来在超市消费 1000 元，现在用社区卡 001 会员卡可以在超市消费 1200 元，还免费送货上门。

但是，尽管如此，这一优惠活动在近四个月的时间里，三家店的订单不到 100 单！为什么会这样呢？

一位曾经在社区 001 工作过的从业人员在网上发布的《潜伏在社区 001 的一个月》可以帮我们梳理清楚社区 001 浮沉背后的原因。

他说，95% 的订单都是来自于电话订单，微信和 PC 端基本上没有，但是订单部每天都会把订单在 PC 端重新录入一遍，这样做估计是拿给投资人看数据的。而且，表面上看社区 001 和卜蜂莲花超市合作了，但四个月来，和超市的 SKU 库存都不能同步，还得派 6 个人去超市花一个礼拜的时间拍 SKU 条码。

事实上，超市并没有给社区 001 开放一个特别通道。客户从打电话到社区 001 客服确认订单后，订单部客服把客户的信息及订单详情发给在超市的提货人员，一般是微信和 QQ 群的方式，提货人员接到信息后，把东西买好后再等配送人员过来接货。这样，从客户下单，到备货，到结账浪费了很多时间，显然，互联网方式并没有为社区 001 的客户节约成本提高效率。[①]

从这位“潜伏者”的描述中，我们可以更清晰地了解社区 001 的整个运营过程（如图 4–1 所示）

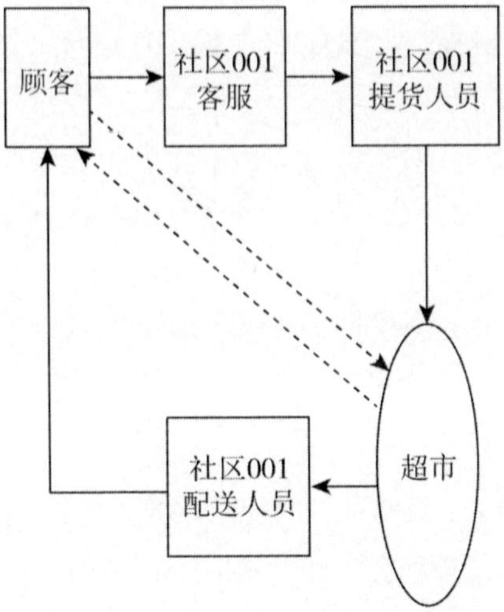

图 4–1　社区 001 的运营过程简图

由图 4–1 可知，原本由顾客自行完成的超市购物（图中虚线所示），经过社区 001 的平台，却要经过至少 3 个环节才能完成。而社区 001 的提货人员甚至要和普通顾客耗费同等的能量，进入超市购物、结算后，才能交给配送人员。这其间的能耗累积起来，非同小可。最终，所有环节的能耗都会转化成社区 001 的资金成本。

这位有心的“潜伏者”专门算了一笔账：社区 001 一个店的基本配置人员在 15 人至 20 人之间，人均工资 3200 元，没转正前底薪 2100 元加每天 24 元生活补助，2 个月转正底薪 2500 元左右，五险一金包吃住，加业绩奖

① 资料来源：http：//www.chinaz.com/start/2014/1201/375442.shtml。

金提成，电动车由公司配备，每个月最少要做 18 至 22 场小区 PR 活动，每场活动费用大概在 300 元左右。10 月份以前，只要参与 PR 活动的人员都可以拿到每天 40 元补助，这笔费用加起来也很可观。此外，每家店的租金加一些其他费用，这样一算下来，差不多一个月要花 50 至 60 万元。如果重庆开 10 家店，要烧多少钱？全国有 14 个城市在运营，共计 84 家店，还在疯狂的扩展，要烧多少钱？

快是要付出代价的，快是需要能量支撑的。

社区 001 为了实现在一小时内送货上门，不得不消耗大量的人力资源。这明显导致公司处于能耗失衡的状态。而社区 001 预计从超市获得的佣金（根据购物款的适当比例计算）远远不能补充自身商业模式能量的消耗。那么，当储备的资金能量消耗殆尽后，社区 001 只能黯然地销声匿迹了。

不过，2016 年 5 月，沉默很久的社区 001 又在微信公众号发布了《客官，我们回来啦》的公告，宣称公司携手蒙牛、中粮等厂商再度回归。[①]

但是，如果社区 001 依然按照此前的运营模式，没有更改自己的能耗结构的话，即便有蒙牛、中粮的支持也很难做到能耗平衡。况且，社区 001 在此前的退隐中，拖欠员工工资，导致顾客的充值卡无法使用等行为又在原来的能耗结构上增加了极大的安全能耗。如果无法消除顾客的安全能耗，重新赢回他们的信任，社区 001 的未来之路未必能迎来坦途。

免费的伤害

比“快”更能伤害商业模式的是“免费”！

克里斯·安德森提出的“免费理论”，是建立“在以比特形式体现的软

① 资料来源：http：//it.sohu.com/20160505/n447764835.shtml。

件、数据、信息的复制几乎不会增加边际成本”的基础之上的。但是，这个世界并非全是虚拟的比特世界，各种形态的产品还是以原子形式存在的。这部分被称之为“硬件”的产品成本，在某种程度上是线性增长的变动成本，绝对不可能出现边际成本为零的情况。

安德森也提出了第三方补偿模式，即由第三方来承担免费背后的成本。但是一旦第三方的能量供给不足以对冲免费所带来的巨大消耗，整个商业模式立即会陷入崩溃的境地。

从生态系统必须保持能耗平衡这一基本常识出发，很容易就推断出上述结论。但是，互联网的发展太过迅猛，眼花缭乱的成功令人目不暇接。这也导致了风险投资家和创业者的集体疯狂。人们相互裹挟着，争相以免费做幌子，以为只要招徕人气，就能拥有未来。但是，再喧嚣的商业氛围，也培育不出背离能量平衡的商业模式来。

当虚幻的泡沫散去，饱受创伤的商业运营者才开始了痛定思痛般的反思。

360 公司的创始人周鸿祎曾经是免费经济的直接受益者。他推出了免费的杀毒软件，将原本收费的整个杀毒软件行业掀翻在地。360 公司从中得到了海量的流量资源，并由此盈利。周鸿祎因此将免费模式奉为万试不爽的至尊之宝，并将其扩延到很多硬件产品上。

2016 年 7 月 16 日，在极客公园举办的奇点大会上，周鸿祎在付出了巨额代价后，终于反思了自己对于硬件免费的错误理解[①]：

关于硬件本身的价值，我自己以前也稀里糊涂的，以为硬件可以免费的，这是因为软件做多了。之前做 O2O 的人恨不得天天免费提供服务，结果是很多的 VC 都哭了……其实，我原来鼓吹过硬件应该免费，现在再说这话就

① 资料来源：http：//b2b.toocle.com/detail--6346090.html。

打脸了。不过还是得说，现在我认为，硬件的商业模式和软件非常不一样，太不一样了。

硬件做任何修改，开模都至少要花三个月。整个供应链，哪个地方地震了，哪个地方着火了，整个供应链就完了，再着急也没用。

做软件如果没做好，大不了就没人下载。但如果硬件有问题，卖不出去，积压成库存，可能会直接把之前赚的钱都亏光。硬件产品迭代速度，以及用户的积累速度都很难和软件相提并论。

硬件的规模化生产需要耗费大量的人财物资源，一定是有成本的。如果将其免费供应，就会造成巨大的能耗窟窿。

周鸿祎曾感慨道：

我以前一直认为，免费作为入口是无往不利的。但硬件一旦免费，卖得越多就亏得越多，这和软件的免费真是不一样的……我做过的最羞愧的事情是，以前刚开始做“免费手机”的时候，去英伟达和他们谈。我说，手机未来都免费了，那你们的芯片也应该免费啊！对方就说，如果我们的芯片免费了，怎么做研发？又找谁来给我们的工程师发工资呢？

周鸿祎已经认识到，如果没能建立良性的商业模式，就不能去谈免费。一旦硬件产业链的上下游都不赚钱，那产业还怎么赚钱，中国智造和专利更是没得谈了。

这样的认知是对于能耗平衡法则的回归。但这还是容易将人们带入一个误区。即：

是不是免费所能伤害的只有硬件，而软件却拥有免疫力呢？

答案是未必。

要知道，免费对于顾客的能耗敏感度和能耗耐受度是一种毁灭式的摧残。

任何一件产品，无论是硬件还是软件，如果是经由免费与消费者建立联结的，就已经设定好了一个能耗锚定。在此之后，任何能耗的增量，都会导致用户体验的急剧下降，并最终影响到整个商业模式的生存状态。

我们再来看一头大象的故事。[①②]

这头大象就是印象笔记（Evernote）的标志。印象笔记选择大象作为公司的标志，源自一句美国成语：大象永不遗忘（An elephant never forgets）。这也正与印象笔记立志要做“人类的第二个大脑”的初衷相符。

印象笔记是一款非常热门的个人知识管理软件。用户通过这款软件，可以将任何一种格式的信息汇集，微信、知乎、Safari、Pocket 中的内容无论是在网页上看到的，还是在手机上看到的，无一例外，均可以一键收藏到印象笔记中。在印象笔记四周年庆上，知乎创始人周源透露，过去一年有 225 万条内容被从知乎分享到印象笔记，在所有社交渠道中位列第三；而印象笔记中国区总经理唐毅（Raymond Tang）也宣布已经有 1 亿条微信消息被保存到了印象笔记。这些数据有力地证明了印象笔记的价值。

印象笔记成立于 2008 年，四年之后，注册用户数超过了 3000 万，融资总额超过了 2.7 亿美元，估值突破了 10 亿美元，成为了第一批“独角兽”创业公司之一。印象笔记之所以能够获得如此快速的成长，就是因为采用了所谓的“免费增值”策略。

印象笔记就像绝大多数的软件应用一样，先是以免费来吸引用户，然后试图推出增值服务，从中收费。免费策略将用户的价格能耗直接降至零点，而其本身的功能设置又能极大地降低用户的时间能耗，根据能耗最低法则，这样低能耗的商业模式自然是能够赢得用户的。

---

① 资料来源：http：//www.tmtpost.com/2402949.html。
② 资料来源：http：//tech.qq.com/a/20151004/031626.htm。

2015年，印象笔记开始收缩战线，在9个月内裁员18%，关闭了全球10个办事处中的3个。关于印象笔记即将倒闭的传闻风声鹤唳，但就是在这样的惨淡氛围中，印象笔记的用户数还是增长到了1.5亿。到了2016年，印象笔记成立8周年之际，用户数进一步增长到了2亿之多，其保存笔记数量也突破了50亿。

但是，仅仅是用户数量的增长，并不能缓解印象笔记的能耗窘态。相反，免费用户的增加进一步加大了印象笔记的系统能耗。

印象笔记不得不努力争取将免费用户转化为付费用户。但是，印象笔记的免费策略早已决定了用户的消费心理预期。任何的收费尝试都会导致用户的不满，并随即离开，寻找替代品。

2016年6月28日，印象笔记宣布对Evernote Plus（标准账户）和Evernote Premium（高级账户）两档付费服务涨价40%。印象笔记给出的涨价理由是：印象笔记是一家小公司，在长期内提升用户体验、增加新的功能需要资源、时间和金钱上的大量投入。

这个涨价理由充分说明了印象笔记整体能耗透支的现状。如果不能尽快促成进出能耗平衡，印象笔记将无法继续支撑。

同时，对于免费账户Evernote Basic，印象笔记也推出了一项限制措施：不超过两台设备同时登录。

印象笔记的内部数据显示，90%以上的用户使用不超过2台设备，98%以上的用户的常用设备不超过2台。看起来，这项限制措施似乎并未影响到大多数用户的使用便利性。但其实，这却是印象笔记迫使深度免费用户转向付费用户的重要措施。因为，在重度用户和活跃用户中，使用2台以上设备登录的比例要远远高于仅使用1台设备的轻度用户。

事实上，多设备同步登录原本正是印象笔记能够大幅度减小用户时间能耗的核心优势之一。这项措施一实行，原来的深度用户、活跃用户的能耗立即大大增加。但是，他们未必会如印象笔记设想的那样，乖乖地转为付费用户，而是会选择用脚投票，转而寻觅新的免费大餐。毕竟，深度感染“免费病毒”的商业运营者不在少数。

被认为是印象笔记头号替代者的微软 OneNote 趁机推出了 Evernote to OneNote 的迁移工具。而且，早在 2014 年，OneNote 就已经打出来免费的招牌，并且实现了全平台通用。印象笔记的收费策略，无疑等于将自己的用户助推向微软的平台。

在此之前，印象笔记为了增加收入，甚至卖起了书包、T 恤、袜子等周边商品。但这些周边商品并不能支撑整个商业模式迅速流失的能耗。

通过免费达到的低能耗诱引，往往带来滞后的严重后果。免费的大象是没有气力一直跳舞的。印象笔记的惶恐无常正是最好的注脚。

曾经风光无尽的印象笔记，用其惨痛的经历告诉我们，周鸿祎的反思是片面的。免费伤害的不仅是硬件，也会重创软件。

免费就像是一个商业魔咒，极力阻扰商业模式的能耗走向平衡。而一个无法达致平衡的商业模式，是绝不可能持续成功的。

死亡名单与“伪需求”

对于我国的消费者来说，2015 年也许是有史以来最幸福的一年。这一年，最盛行的商业口号是“羊毛出在猪身上”。一位亲历者在一篇文章中描述了他的幸福生活[①]：

① 资料来源：http：//www.pintu360.com/article/89693.html。

各种各样的O2O产品层出不穷，这当中有互联网巨头，也有不少初创企业。我承认我也是一个“小市民”，但也可以美其名曰精明和理性的消费者。

那一段O2O疯狂烧钱补贴的时期里，我会为了获得一顿免费午餐的奖励，下载一个App，吃完然后卸载掉；每一次在便利店买单，我都会问收银员，哪一个支付有优惠：微信、支付宝还是QQ钱包。

当然，我也不知道有多少次，用坐公交车的价格乘坐了滴滴优步的豪华轿车。美甲、家政、维修……我不但自己享受这种“时代红利”，还告诉我身边的亲朋戚友一起来享受。

这真是太好了，不用自己跑去店面，还上门服务，服务更好，居然还能更便宜！

但是，正如硬币都有两面。只看到消费者幸福的一面是不够的。我们还必须看看企业端的另一面。

对于风险投资和创业者来说，2015年也许是最痛苦的一年。这一年，风险资本烧掉了未来十年的钱，而一头扎进O2O创业的人耗费了无尽的青春，但终究是血本无归。也正是这一年，中国乃至世界商业史上第一次出现了一份“商业死亡名单”。

在这份名单上，涉及的O2O创业项目分布于和生活相关的各行各业，有医疗行业、美容行业、婚嫁行业、家居行业、汽车行业、出行行业、房产行业、教育行业。有数据称，2014年拿到A轮融资的846家O2O创业项目，在2015年几乎尽数倒闭。①

我们仅以洗车O2O项目的倒闭为例来加以分析：

- 2015年1月，“云洗车”关闭洗车业务；

① 资料来源：http：//www.dataguru.cn/article-8487-1.html。

- 2015年1月，厦门本地服务平台“智富惠”关闭洗车业务；
- 2015年4月，“嘀嗒洗车”关闭洗车业务；
- 2015年7月，“车8度”宣布关闭上门洗车业务；
- 2015年10月1日，“赶集易”洗车并入58旗下的“呱呱洗车”，停止原有洗车业务；
- 2015年10月12日，“e洗车”大量裁员并停止上门洗车业务；
- 2015年10月24日，上门洗车平台“功夫洗车”宣布关闭上门业务；
- ……

2015年3月，苹果的App Store上面的洗车App有58个。2015年7月，App Store上的洗车App多达399个，但是，到了2015年11月，这个数字已经能够下滑至43个，而且其中不少已经停止了运营。①

为什么短短几个月间会发生如此骤兴骤衰、大起大落的情形呢？曾几何时，商业会以如此短暂的周期出现如此激烈的波动呢？为什么风险投资会像失去理智一般地投向这么多不靠谱的O2O创业项目呢？为什么那么多优秀的人才会像失去理智一般地投入到这么多不靠谱的O2O创业项目呢？

很多商业分析人士将这些主推上门服务的O2O所激发的需求称为“伪需求”。但这样的看法有失偏颇。

消费者的“洗车”需求始终是存在的。在上门洗车O2O出现之前，车主只能选择到洗车店去洗。而到底去不去洗车以及洗车店的频率和车主的消费心理有关。车主往往因为价格能耗、时间能耗、空间能耗的综合衡量而做出决定。

上门洗车的O2O创业项目为了拓展客户，前期通过补贴开路，免费或极低的价格以及主动上门将车主的三项能耗全部消解，从而让一大批车主成

① 资料来源：http：//www.tmtpost.com/1458562.html。

为了用户，但这并不等于说是无中生有地创造出了需求。这种运营模式并没有创造需求，只是改变了用户的能耗预期。用户原本受制于较高的能耗付出，而不愿去洗车或不愿频繁去洗车。一旦能耗壁垒不再存在，潜在的需求立即就会显形并活跃地付诸实施。

所以，问题的关键并不是“伪需求”。从能耗的角度来说，任何现存的行业都不存在伪需求。比如，我们经常在周末收到优步发来的优惠短信。但是，如果周末没有任何出行计划的人，绝不会因为优步降价了而出去转一圈。这样做，看似占了一点小便宜，但是时间能耗就大大增加了。总体而言，是很不划算的（参见“能耗联动法则”）。

真正要命的是，疯狂的补贴让用户有了一种不合理的能耗预期。当顾客能够以打折甚至免费的方式获得他本就需要的产品或服务后，他就会将此设定为心理上的能耗锚点。此后，他进行同等或类似消费时，任何超越这一能耗锚点的支付（无论是价格还是时间），都会造成他心理上的疼痛感，亦即说明他的能耗增加了。

这就是上门O2O项目无法建立用户黏性的根本原因。无论是价格的提升，还是不再上门提供服务，都会让服务本身成为用户新的痛点。所以，只要补贴取消，项目与顾客的联结就此中断。甚至很多会算计的顾客（如前文所述），会在下载App享用便宜后，立即卸载。因为他们从来没有指望能够长久地享用这种免费的午餐，从而也绝不奢望与这一商业模式建立长久的关系。

尽管顾客并不真正领情，上门类O2O项目的能耗负担却变得十分沉重。

拿功夫熊这类的上门按摩服务为例。在这个商业模式中，最重要的资源就是拥有独特技能的技师。技师的时间成本是很高的。要想充分发挥技师的专业价值，就必须确保技师的活力时间都用于服务本身。但是，上门类的O2O的商业运营设计却让技师的时间有很大一部分是奔波在不同顾客衔接的路上，这就极大地提高了技师的时间能耗。

按照正常的推算，技师要想盈利，除非顾客通过大幅增加服务价格来予以补偿。但这样做，顾客的价格能耗自然随之增大，从而降低了其消费意愿。

但是，当O2O处于跑马圈地的初级阶段，由于有风投强力撑腰，通过补贴的形式降低了技师和顾客的能耗，使得商业闭环得以暂时完成。但是，能耗总体上一定是要寻求平衡的。技师和顾客减少的能耗全部都会转移到商家身上。一旦风投的钱花光了，或者不愿意再投入了，这种高能耗的模式就注定无法持续了。

不过，凡事总有例外。

在哀鸿遍野的洗车O2O项目中，却有一个逆势飞扬的案例。这就是将“赶集易”洗车项目收归门下的呱呱洗车。当众多洗车O2O纷纷因风险投资不再继续投入而倒闭之际，呱呱洗车却极为罕见地拿到了新一轮的风投。

2015年11月，由风云天使基金领投，58到家、首瑞敬德跟投，呱呱洗车完成1亿元人民币Pre-B轮融资。这也从另一个侧面证伪了所谓的“伪需求”。[①]

呱呱洗车凭什么可以傲立于资本的寒冬呢？

呱呱洗车于2014年10月由前高德地图及车联网核心团队创立。呱呱洗车的董事长郄建军曾担任高德负责移动互联网业务的副总裁，主管高德地图、导航、LBS开放平台等。呱呱洗车的CEO易飞鸿曾担任高德车联网高级产品经理。

这两位主要高管的从业背景为呱呱洗车的系统性节省能耗提供了重要

① 资料来源：http：//auto.sina.com.cn/news/2015-11-19/detail-ifxkszhk0378999.shtml。

支撑。[①]

呱呱洗车借助高德地图的围栏功能，将北京城区划分为 100 个半径约为 3 公里的片区，总数在 1000 名左右的洗车工分布在这 100 个片区中，每个片区平均配备 10 名洗车工。所有洗车工都显示在高德地图上每个人的状态，无论是空闲还是在路上，或者正处于洗车状态，在地图上用不同颜色表示，一目了然。

用户需要洗车时，只要打开呱呱洗车的 App，可以现场定位自己的车所在的位置，也可以通过高德地图的指针拖拽和标记功能，远距离设定车的位置，方便洗车工找到车子的准确位置。

当用户下单后，App 会自动派单给洗车工。与此同时，高德地图的多点路径规划和动态交通信息功能就为洗车工提供了优化出行路线，以确保洗车工在 10~15 分钟即可到达洗车地点。

高德地图的热地图功能还可以及时洞察哪个区域的洗车需求比较大，从而可以匹配好洗车工的供给，预判性地让洗车工聚集到需求集中的地域。

这些技术和程序上的设计，同时有效地为用户和洗车工节省了时间能耗，从而也极大地降低了供给端的综合能耗。

呱呱洗车之所以在 O2O 死亡大潮中幸免于难，是得益于其内部能耗调控的巨大优势。当其他的洗车 O2O 项目均陷于能耗透支而无力回天之际，呱呱洗车却更能够趋向于保持整个商业模式的能耗平衡。这也正是风投敢于继续投资的根本原因。

在这一波疯狂的 O2O 大潮中，数以百亿计被白白烧掉的资金最终告诉了我们一个血淋淋的教训：

① 资料来源：http：//www.csdn.net/article/2015-08-17/2825476。

能耗平衡是任何一个商业模式的立身之本，其重要性无论如何强调都不过分！

天然的能耗限制

保持能耗平衡，对于一个商业模式是如此地重要。当我们面对那些天然就具备严苛的能耗限制的商业模式的时候，一定要明白，除非明智地加以甄别，并巧妙地加以克服，才有可能跳出能耗的陷阱而在商场上赢得一席之地。

这其中最典型的领域就是生鲜电商。

我们都知道，全球电商巨鳄亚马逊是靠卖书起家的。但是，我们有没有深入思考过亚马逊的创始人贝佐斯当初为什么要选择卖书呢？

当时，线上的电子商务还是一片荒芜人烟的广阔地域。贝佐斯的选择可以有很多，他可以选择卖电器，也可以选择卖珠宝，还可以选择卖日用品，为什么偏偏要卖书呢？

这自然是因为，书是一种高度同质化的商品，当顾客对网络购物的信任度还没有建立起来的时候（安全能耗非常大），书是最能够取信消费者，并能够让消费者感觉到网络价格的优惠比对的（通过打折减少价格能耗，以吸引最初的一批网络购物者）。

但是，除此之外，还有一个更深层的原因。

书是最容易保存的商品，在很长的一段时期内不会变质，也不会贬值。这也在很大程度上降低了贝佐斯创业时的后顾之忧。即便创业失败，作为存货的书，依然可以以合理价格转让。

但是，生鲜电商就完全不同了，和书籍可以说正好是处于两个极端。电商业内人士往往把生鲜电商称为电子商务最后的一片蓝海。但与其说这是溢美之词，不如说是泣血之语。因为，生鲜本身天然的对时间能耗的严苛要求，使得至今没有一家敢轻言自己已经在生鲜电商领域取得了成功的企业。

崔晓琦是一位电商老兵，有着十几年的电商从业经历，先后以 COO、总裁、CEO 的身份主导过凡客 V+ 商城、顺丰优选、佳沃市集的电商业务。

2013 年是生鲜电商元年，崔晓琦加入顺丰优选，开始进军生鲜电商领域。两年后他发出了“到处都是坑，我暂时不会再碰生鲜电商了！”的感言[①]：

2013 年我做顺丰优选之前，特别好奇为啥之前敢碰生鲜电商的人不多。所以顺丰找到我时，我觉得挺好的，刚好去生鲜电商领域看一看。

做起来才发现，没这么容易。图书、3C 这些电商品类很快就都做起来了，首先是因为都很标准。我做电器、卖图书其实都是手到擒来，但是我从做电器转而卖水果就不一样了，这是很大的一个门槛。

生鲜电商的产品毛利率最多 20% ~ 30%，但仓储运营的成本能占到 1/3，物流成本又占 1/3。客单价能有 100 多块钱已经算不错了，但还是太低了，只有把客单价提起来才能把成本占比降下来。

崔晓琦一开始对一家做生鲜电商的公司自建配送队伍不理解，后来才意识到，这是迫不得已的。因为当时没人能把生鲜配送这件事做好。崔晓琦认为，至少现在这个阶段，做生鲜电商不是一个特别好的选择。巨头做生鲜不排除是为了卡位，一年亏几个亿也不算什么，但对于初创企业来讲，如果一年做几个亿亏几个亿，就不是一个好生意了。

无独有偶，另一位颇有情怀的电商翘楚、上海抢鲜购的创始人鲁振旺也在百转千回后发出了“放弃生鲜电商，很艰难，但是我还能怎么做”的感慨。[②]

2014 年，抢鲜购的销量几个月内就冲到了每月 60 万元，鲁振旺信心满

① 资料来源：http：//www.cyzone.cn/a/20160111/288201.html。
② 资料来源：http：//www.iyiou.com/p/23738。

满，计划在 2015 年要冲到月销售额 200 万元以上。从当时的趋势看，销售额增速快，毛利率也不错，用户满意度也越来越高，实现这个目标是没有问题的。鲁振旺甚至认为用不着再亏 100 万元，很快就会盈利了。但随后，无数的创业团队进入了生鲜电商领域。烟台大樱桃的卖家，从总共百十家一年内提高到上千家，整个生鲜电商从业卖家从不到 5 万家，一年内超过 20 万家，巨量的卖家进来，市场空间却没有同步增长，于是价格战就成了无奈而又必然的选择。市场彻底被搅乱，抢鲜购的毛利率下滑至 10% 左右。天猫超市的水果类亏损运营，用低价抢市场。当车厘子仅仅靠智利空运的时候，市场拿货价 60 元一斤，天猫超市却在 39 元包邮，每一单要净亏 40 元，最后一个月卖了 20 多万单，相当于净亏 1000 万元!

鲁振旺觉得有钱的巨头大佬们肯定还会亏损经营，但像他这种小店的生存难度就会很大。他必须做出抉择，是煎熬着前行，还是当机立断放弃?

鲁振旺最终选择了放弃生鲜电商。他的理由和崔晓琦似乎完全不同。崔晓琦是从生鲜电商行业的综合能耗的角度来说的，而鲁振旺却是从巨头烧钱补贴挤压中小电商生存空间的角度来说的。两者都有一定道理，但谁的看法更具本质性呢?

我们不妨先来看看，那些烧得起钱的巨头有没有可能从生鲜电商赚到钱呢?

在品途商业评论（www.pintu360.com）上有一篇题为《阿里、顺丰、京东连连失利，EMS 能够做好生鲜吗？》的质疑文章。①

这篇文章的主题是中国邮政旗下生鲜电商“极速鲜”正式进入市场，这种 EMS+ 电商的运营模式能否取得成功?

① 资料来源：http：//www.pintu360.com/article/86220.html。

邮政 EMS 作为全国最大的物流网络之一，一直从事生鲜物流运输，无论是硬件还是管理上都具有一定的优势。但是 EMS 作为一家国企，一直存在企业运行效率和服务质量不高的痼疾。极速鲜虽然承诺 24 至 48 小时送达，但用户却经常抱怨送货太慢。而生鲜电商最紧要的就是时间能耗对送货速度的严苛要求。

品途商业评论的结论是，目前国内经营农产品的生鲜电商接近 4000 家，但其中仅有 1% 能够盈利，7% 有巨额亏损，88% 略亏，4% 盈亏持平。极速鲜面临的是一个竞争非常激烈的市场，其前景并不乐观。

显然，巨头靠烧钱可以挤压中小电商的生存空间而将它们逐出战场，但这并不能一统生鲜电商的江山。真正制约这一行业的，还是该行业独特的内在能耗规律。

生鲜是一个极其复杂多元的业态，在外观大小、口感色泽等方面是最不能同质化、标准化的产品。这也使得这个行业成为一个综合能耗居高不下的顽固堡垒。

比如草莓的挑拣和苹果不一样，需要戴手套，一碰就会坏掉。葡萄是不应该远程配送的，密封下会有脱粒现象，一旦脱粒就会发酵，就会有酒精出来。阳山水蜜桃不能套单层网，必须套双层，而且上下必须有海绵托盘。在仓储时，工作人员要比照色卡，来挑选可以入库的水果。香蕉要稍微青黄一点的，否则可能放到库里不到一天就烂掉了。九成熟的水果不能入库，可能要选七分熟的，必须把销售周期考虑进去，在卖的时候就会有九成熟了。

崔晓琦最后的结论是：“生鲜不太可能大规模从南到北、从西到东流通，需要在各地建冷链。很难标准化的生鲜品类我宁可不做，也不愿意看到我们卖出去多少，就进来多少投诉。”对于生鲜创业的后来者，他也给出了建议：“要关注供应链、运营服务能力、成本结构等因素。”

供应链、运营服务能力和成本结构，其实是用不同的方式在表述“综合能耗”的概念。不管什么样的商业模式，不管什么样的客户需求，最后还是要回到“能耗平衡”的根本归宿。

每个行业都有自己的天然能耗限制，各不相同。如果无视这种内生性的能耗限制，即便是久经商场的老手，也会落入能耗的陷阱而遭致失败。

书籍、电器这类产品的天然能耗低，比较容易达到能耗平衡，因此容易成功。而生鲜电商行业的天然能耗限制，使得其成为一个最复杂的商业模式能耗样本。

从目前社会层面的物流基础设施以及冷链保存技术来看，生鲜电商尚不能完全跳出能耗陷阱而获得良性的可持续运营。但如果我们能够将这一复杂样本的能耗结构、能耗分布梳理清楚，对于我们理解其他行业的能耗结构、能耗分布以及进一步的优化降耗是大有裨益的。

为了节能的合并

2016 年 7 月 21 日，关于滴滴与优步中国即将合并的消息再度传出。据彭博社的报道，优步的投资者对该公司管理层发出了明确的信息：是时候在中国停止烧钱大战了。

但该消息刚一流出，滴滴和优步双方均给出了斩钉截铁般的否认。滴滴官方回应说：“我们并无类似计划，也不对市场流言做过多评论。”优步中国高级副总裁柳甄则在朋友圈发布声明称，合并一事“纯属谣言，增长很快，我们很忙，无暇回复”。

但是，仅仅 10 天之后，谣言就变成了现实。8 月 1 日，滴滴出行宣布与优步全球达成战略协议，滴滴出行将收购优步中国的品牌、业务、数据等全部资产在中国大陆运营。双方达成战略协议后，滴滴出行和优步全球将相互持股，成为对方的少数股权股东。优步全球将持有滴滴 5.89% 的股权，相当于 17.7% 的经济权益，优步中国的其余中国股东将获得合计 2.3% 的经济权益。滴滴出行创始人兼 CEO 程维将加入优步全球董事会。优步创始人卡拉尼克也将加入滴滴出行董事会。①

为什么优步和滴滴这两家打到刺刀见红、火星四溅的死对头竟然会走到合并的道路上来？

为了抢占市场，这两家公司疯狂地对司机端和用户端展开补贴。2016 年 1 月 11 日，优步 CEO 卡拉尼克在与海南航空公司的战略合作发布会上透露说：“滴滴每周要花掉 7000 万美元，一年就是 40 亿美元。”滴滴主管公关的高级副总裁陶然对卡拉尼克的说服进行了反击，声称因为滴滴的平台优势，滴滴的单均补贴仅仅为优步的 1/5 到 1/4；优步的融资材料里面写得很清楚，优步在中国平均一单补贴 40 元；如果优步能够公布他们在中国的亏损额，如果不到 15 亿美元，陶然愿意为他说的话负责。尽管这两家处于抹黑竞争对手的需要，多少有些夸大其词，但不管如何，这两家公司用于市场补贴的钱一定是惊人的数字。卡拉尼克后来在接受《财经》杂志采访时坦承：“滴滴的存在让我每晚少睡两小时，思考如何同它竞争的问题。我们不能一直补贴下去，最终需要盈利。”②③④

而这种靠补贴拉动的竞争，完全与“能耗平衡法则”悖逆，一定是不能持久的。

我们可以用一个很有意思的数学模型来简单分析一下优步和滴滴的能耗吞吐。

① 资料来源：http：//news.sohu.com/20160801/n462074186.shtml。
② 资料来源：http：//www.ingdan.com/news/detail-6289.html。
③ 资料来源：http：//news.xinhuanet.com/tech/2016-08/08/c_129212070.htm。
④ 资料来源：http：//iyiou.baijia.baidu.com/article/314980。

这个模型就是常见于小学数学课本的进出水问题。

有一个水箱，同时打开进水管和出水管，进水管和出水管设定的流量不同，试问水箱里的水何时放光或何时放满。

如果将水箱里的水比拟为滴滴（或优步）的资金流，进水管比拟为乘客端（用户端）为出行支付的费用，出水口比拟为滴滴作为平台支付给司机端的报酬，那么，这个数学模型（如图 4–2 所示）就能够直观地帮助我们理解滴滴的运营模式及其弊端（资金的流动即能量的流动，资金的消耗即能量的消耗）。

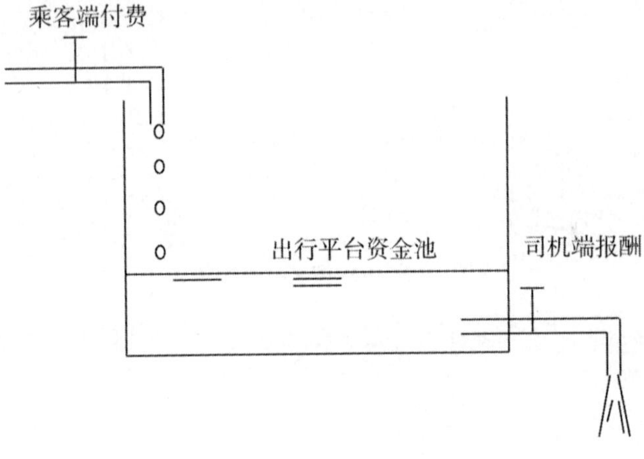

图 4–2　滴滴出行的运营模式

滴滴公司以解决乘客打出租车难这个高能耗点起家，一开始就是靠补贴完成了市场启蒙。这个市场启蒙既包括对司机端的启蒙，也包括对乘客端的启蒙。这两个针对不同对象的启蒙的方向是不同的。为了吸引司机加入平台，必须通过补贴的形式倍增司机端收入，所以出水口的流量是很大的。而为了吸引乘客使用，通过补贴的形式减少乘客的付费，甚至是免费，所以进水口的流量是很小的。这就需要出行平台具备丰厚的储备资金（储水量）。

但是，滴滴作为初创平台，自身的资金储备（能量储备）是很有限的，为了维持自身的储水量，只能不断借助风险资本的投入，否则就会因缺水而导致整个资金链断裂（如图 4–3 所示）。

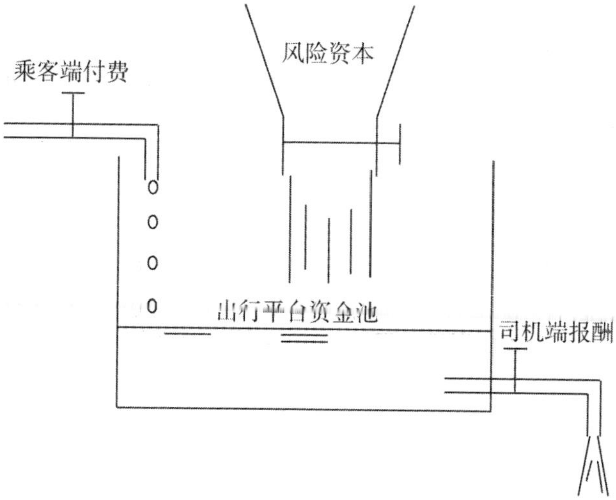

图 4–3　导致资金链断裂模型

由图 4–2、图 4–3 可以很形象地看出，滴滴模式的弊端之所在。现有的资金结构及流量均无法支撑起商业模式的持续运营。无论是乘客端，还是司机端，都是依赖高度补贴的。乘客端的补贴大大削减了价格能耗；同时，互联网技术的应用又大大降低了时间能耗和空间能耗；而司机端的补贴，让司机付出同样的能耗却能获得更大的、甚至好几倍的收益。这两个原因刺激着滴滴模式的急剧成长。

但是，滴滴的启蒙模式为这两端锚定了基本预期。一旦补贴减少或停止，就会出现负向的恶性循环。司机端会因为收入减少而不愿意接单，这就会导致供给减少，乘客不得不等待更长的时间以及付出更高的费用才能满足自己的出行需求，这就影响到乘客端乘用的体验感，从而将乘客推离平台。同时，乘客端因为费用提高而不愿继续使用平台，这就导致需求转移（对某一特定平台来说就是需求减少），导致司机无法接到更多的订单，从而将司机推离平台。

可见，滴滴的平台向心力就是源自补贴。一旦补贴减少或停止，平台向心力立即恶变为平台离心力。

也许很多人会为滴滴用补贴拉动市场的做法辩解，非如此不足以在短时间内将网约车的市场做到如此之大。根据滴滴 2016 年 6 月公布的数据，该平台已经拥有了 3 亿注册用户、1500 万司机，以及每天超过 1000 万元的订单。但是，交易规模越大，对补贴的需求就越大，平台的崩坍风险也就越大。

滴滴其实也不是没看到风险，但是，先是为了启动市场，不得已采用补贴，此后又为了与快的抢占市场而继续更为疯狂的烧钱大战。此后，滴滴与快的合并，眼看可以从补贴依赖中解套，可是国际巨头优步入华，又牵引滴滴进入了快车 / 专车的网约市场，直接展开了新一轮的补贴博弈。这对难兄难弟谁也不敢轻易停止补贴，以免坐失已经抢到手的市场份额。可是，如果不摆脱补贴的魔爪，最终还是死路一条。坐吃山空，再雄厚的风险资本在中国这个庞大出行市场也经不起持续烧钱。

所以从能耗平衡的角度来看，滴滴与优步中国的合并是必然的两个选项之一。另一个选择则是双方就像武侠小说中描写的高手比拼内力一样，谁也不能罢手，最后只能是油灯耗尽，两败俱亡。

这种为了节能的合并，并不只出现在滴滴和优步身上。诸如美团和大众点评、58 同城和赶集网、携程和艺龙等直接竞争对手的合并，归根结底，都是为了商业模式的节能目的，非此不能达到能耗平衡。

滴滴窘境的启示

滴滴和优步合并后，对于司机端来说，各种补贴被大量削减，而对于乘客端来说，打车的价格则随之上调。

2016 年 9 月 5 日，滴滴优步合并刚满一个月，媒体采访了一位滴滴司机。这位司机透露，滴滴平台在 8 月 27 日、28 日两天还提供了完成 38 单后奖励 100 元的补贴，但刚刚过去的周末就已经停止了该补贴。除周末外，周一至周五的补贴也开始大幅度下降。此前每天的高额成单奖现在已经降至一天干满 20 单仅获得 40 元补贴（比如，合并之前的 2016 年 4 月 28 日这一天的奖励是：当日完成指派快车单 12 单及以上，奖励 40 元；完成 22 单及以上，奖励 100 元）。同时，早晚高峰奖励倍数也分别下降至 1.4 倍、1.2 倍。此前的早高峰期（6：30–10：00）奖励倍数是 1.5 倍；晚高峰期（16：30–19：00）奖励倍数是 1.4 倍；夜高峰期（19：00–22：00）奖励倍数是 1.3 倍（每单奖励 50 元封顶）。[①②]

与此同时，滴滴的顺风车也涨价了 20%。以北京地区为例，顺风车的收费标准从原来的起步价 3 公里内 10 元，之后每公里 1.3 元，调整至 3 公里内 12 元，之后每公里 1.5 元。事实上，这已经是滴滴顺风车第二次上调价格。在该项业务上线之初，滴滴平台的收费标准为 3 公里起步 10 元，之后每公里 1 元。

上述措施的实施导致了大量的司机流失，也有很多乘客放弃了使用滴滴，重新用传统方式打出租车或自驾出行。

我们必须牢记：

---

① 资料来源：http：//u.sanwen8.com/subject/163041.html。
② 资料来源：http：//www.cnblogs.com/mfryf/p/4669297.html。

价格能耗趋零之后的调升，很难再保持对用户的黏性，必然会导致用户的大量流失。

除非通过价格免费确实能达到垄断地位，并持续地保持垄断地位。但问题是，在市场化的条件下，任何一家公司的垄断又能维系多久呢？

不过，尽管滴滴停止补贴，提高价格会让用户的综合能耗大幅增加，从而极大地破坏了顾客的体验感，但我们不得不说，这是追求能耗平衡的必然。如果滴滴不这样做，尽管能够喧嚣一时，但一定不能持续生存，更不用说持续成功了。

2017 年 1 月 20 日，微信公众号“爱己会”发表了一封题为《致滴滴，一个让我的出行变得不美好的互联网平台》的公开信。[①] 信中这样写道：

因为是第三方平台，为了你单方面的生存壮大，你将你们的利润成本转架到了乘客身上。因为那个所谓“调度费”，有时我需要支付至少一倍的费用去到我的目的地，有时加的钱甚至高于起步费或车程本来的费用，甚至有时加了钱，还是叫不到车。

……受到你的“调度费”和“福利补贴”所影响，司机们在不知不觉中抬高了内心的价码。他们开始对扬招的乘客不理不睬，只要持续不接单，就会有人愿意付出比他空车所消耗的各项成本的总和更高昂的“调度费”来恳求他的“屈尊”。

……

更为甚者，这位作者将滴滴比喻成了一只附着在出租业巨龙（传统出租业和共享经济下的共享车辆）身上的“互联网苍蝇”，非但没有为这个社会创造更多的就业机会，却以各种名义榨取司机和乘客的血汗钱，来维持自己

① 资料来源：http：//www.kejixun.com/article/170121/277109.shtml。

的生存和业绩。作者提出：

一个物种在生物链（社会）的生存，是根据它对所处环境具有的影响和意义而决定的。当某个物种对生态有害无益，自然界自有消灭它的方式出现。

这一个说法非常符合我们在前面章节中所论述的“能耗论”的主要观点。我们完全可以将“物种”替换为“商业模式”：

一个商业模式在环境体系中的生存，是根据它对所处环境具有的影响和意义而决定的。当某个商业模式对生态有害无益，环境体系自有消灭它的方式出现。

如果滴滴想要在拒绝“能耗最低”的前提下来实现“能耗平衡”，恐怕最终的结果只能是镜花水月一场空。

这位作者直截了当地预判道：

你们所能提供的功能，以现代的科技来说，并没有什么特别之处。任何一家出租车公司都可以自行，或是以出租车行业协会的名义，共同联合出资做一个类似的App，根本不是难事。作为一个既没有能力监管客户与司机之间的经济和人事纠纷，也不承担交通事故或违章的事后处理和协调，还增加了司机、乘客、监管部门的压力和负担的线上平台，请问市场为何需要你们，人民为何需要你们？如果你们不能调整自己的运营模式，寻求更为人道的盈利模式，将自己的身份从只为占领剩余资源的害虫中蜕变出来，就算没有我举起苍蝇拍，迟早也会有其他人，我只是第一个。

这封公开信发出后，在微信朋友圈引发了强烈的反响，很多深有同感的人纷纷转发。这足以深刻地说明，诸如滴滴这样以烧钱抢占市场的商业模式从一开始就是背离能耗平衡法则的。在其回归能耗平衡的路途上，如果不优化调整，尽力弥补顾客因能耗增加而造成的情感伤害，很难说能够坚持多久。

能耗平衡是唯一标准

我们从上述的滴滴窘境中可以看到，任何一种商业模式要想同时满足“能耗最低法则”和“能耗平衡法则”确实并不容易。

针对客户的“能耗最低法则”是必须优先满足的，否则企业不可能在竞争中生存。而要在这一基础上，企业也只有满足“能耗平衡法则”才能持续生存。而最关键的是，企业的能量归根结底源自顾客的货币性支付。一个好的商业模式、一个真正能够创造价值的商业模式，不但能够达到能耗平衡的最低要求，还会积聚大量的能量盈余，这就是企业的盈利。

企业的盈利以及持续盈利，是商业模式成功以及持续成功的唯一标准。

要想同时满足两大法则的要求，就必须在商业模式的设计上找到一些系统性的降低能耗的方法，以确保商业模式在较低能耗状态的启动运营；否则，仅仅靠自有资本或风险投资提供的初始能量，是无法长期承担整个商业模式的巨大能耗的。

05 系统降耗：原则与策略

系统降耗的四项基本原则是：让信息在系统中得到最充分的流动；让物在系统中的移动尽可能减少；让人的非情感性活动尽可能减少；当人的活动和物的运动发生能耗竞择时，一般应该优先满足人的低能耗需求。具体的实施策略是技术创新、算法创新、模式创新、流程重构、联合补益、细节优化和顾客转移，而这又可以归纳为“规避、转移、优化”六字真言。

从系统的角度来识别、评估、降低一个商业模式的综合能耗是非常必要的。前所述及的时间、空间、价格、学习、安全、关联六维度的能耗结构更偏向于消费者个体层面的能耗分析。商业模式作为一个有机的系统，包含人、钱、物、信息四大要素。这四大要素的流向、流速、流量的综合交互，体现的是一个商业模式整体意义上的能耗结构。

我们首先来厘清这个整体意义上的能耗结构，再在此基础上梳理出关于系统降耗的一些基本原则。

系统的能耗结构

我们用“+”或“–”来标注流向。“+”表示能量之流是向着系统内部流动的，可以为系统增加能量。“–”则正好相反，意味着能量从系统内流失，导致系统能量降低。

流速用 v 来表示能量流入或流出系统的速度。这个指标可以看出某一商业模式是采取激进战略还是保守战略。

流量也就是能量。根据数学常识：

流量 = 流速 × 时间

即：$F=vt$

公式中的t为单位时间，可根据结算盈亏平衡的周期来具体设定，日、周、月、年均可灵活设定为时间单位（只需在对比时采用相同的时间单位即可）。

将这个公式分别运用于人、钱、物、信息这四个要素，可以为我们提供一个观察商业模式能耗结构及能耗规模的新视角（详见表 5–1）。

表 5–1　　商业模式能耗结构及规模

	流向	流速	流量	汇总
人（1m）	+/–			$\sum_{i=1}^{n} F_{1mi}$
钱（2m）	+/–			$\sum_{i=1}^{n} F_{2mi}$
物（3m）	+/–			$\sum_{i=1}^{n} F_{3mi}$
信息（4m）	+/–			$\sum_{i=1}^{n} F_{4mi}$

表 5–1 中的汇总公式解释如下：

1. $\sum_{i=1}^{n} F_{1mi}=\sum F_{1m1}+\sum F_{1m2}+\sum F_{1m3}+\cdots\cdots+\sum F_{1mn}$

这是表示系统中关于人的活动对系统能耗的正负影响。系统中的人包括企业内部员工、外部合作公司的员工以及消费者。消费者的活动所带来的能量消耗的流向为“+”，企业内部的员工和外部合作公司的员工的活动所带来的能量消耗的流向为“–”（其中 i 的数量由系统中的不同类别的人的总数决定）。

2. $\sum_{i=1}^{n} F_{2mi}=\sum F_{2m1}+\sum F_{2m2}+\sum F_{2m3}+\cdots\cdots+\sum F_{2mn}$

这是表示系统中关于钱的流动对系统能耗的正负影响。流入为“+”，流出为“–”（其中 i 的数量由系统中的货币流入流出的总次数决定）。

3. $\sum_{i=1}^{n} F_{3mi}=\sum F_{3m1}+\sum F_{3m2}+\sum F_{3m3}+\cdots\cdots+\sum F_{3mn}$

这是表示系统中物的移动对系统能耗的正负影响。系统中一切物的移动的能耗均标志为“–”（其中 i 的数量由系统中的不同类别的物的总数决定）。

4. $\sum_{i=1}^{n} F_{4mi}=\sum F_{4m1}+\sum F_{4m2}+\sum F_{4m3}+\cdots\cdots+\sum F_{4mn}$

这是表示系统中信息的流动对系统能耗的正负影响。一般而言，信息流动带来的能耗可以忽略不计。但特殊情况下，因为信息的快速传递而带来的决策红利以及信息的延误传递而带来的决策负担则可分别用“+”或“–”标示（其中 i 的数量由系统中的信息的传递总次数决定）。

综上所述，一个商业模式总的能耗为上述四个要素分项之和，即：

$$\sum_{i=1}^{n} F_{总}=\sum F_{1mi}+\sum F_{2mi}+\sum F_{3mi}+\sum F_{4mi}$$

商业模式最终的成效是通过货币形式的盈亏平衡表来体现的，上述计算模式虽略为复杂，但这种模型化的分析可以帮助我们更好地了解、理解综合能耗背后的结构与细节，从而为系统降耗提供思路。

四项基本原则

关于系统降耗，我们可以提炼出四项基本原则。

第一条基本原则是关于信息的原则：

让信息在系统中得到最充分的流动。

这是互联网发展带来的最大的能耗红利。信息的数字化、比特化极大地消除了此前信息传递过程中的巨大能耗，甚至可以将能耗削减至零。

如果我们还记得马拉松比赛的起源，就一定不会忘记，远古的人们为了传递信息，需要付出多大的代价。古希腊的文明程度极高，我们至今还受益于当时著名哲人苏格拉底、柏拉图等人的思想，但受制于当时的技术条件，跑步是最快的信息传达方式，雅典勇士菲迪皮茨为了尽快将击败波斯入侵者的胜利信息传递给民众，竭尽全力地奔跑，最终付出了生命的代价。可想而知的是，这种传递信息的方式会给系统带来什么样的能耗。中国古代在战争中采用狼烟传信，在速度上快了很多，但能耗也着实不小。烽火台是不可或缺的基础建筑，驻守烽火台的士兵也是常年必备。这都会给系统带来巨大的能耗。

而到了今天，只要拥有智能手机，并安装了微信、Whatsup、Skype之类的即时通信软件，无论两个人身处何方，哪怕是远隔天涯海角，都能够随时联系，几乎没有任何延误。这种巨大的便利背后，就是巨大的能耗红利。

所以，任何一个商业模式必须让信息在系统中最充分地流动起来。任一环节阻碍信息流动的阻力，都是系统降耗所要针对的变革对象。

2016年阿里巴巴“双十一”节当天，网购产生的包裹高达6.57亿个，比上一年多出了近2亿个，但包裹的分拣递送却有条不紊，没有出现一片狼藉、差错不断的爆仓现象。这是怎么做到的呢？

事实上，从2013年至今，“双十一”购物节的包裹数量增长了2.65倍，但与此同时，处理包裹的速度也随之加快。以签收1亿个包裹的时间来做一个纵向比较[①]：

- 2013年，用了9天；
- 2014年，用了6天；
- 2015年，用了4天；
- 2016年，用了3.5天。

① 资料来源：http：//www.anyv.net/index.php/article-906296。

但是，这样高效的物流系统并不是仅仅靠快递公司增加人力就能达成的。以圆通公司为例，包裹数量增加了 2.65 倍，但人力只增长 1.5 倍。背后的秘密就在于让信息充分地流动起来。

快递公司一般采用的是纸质的可复写的快递单。这种快递单除了耗费纸张外，还存在手写及打印速度较慢、分拣差错率较高等缺点。而为“双十一”提供物流支撑的菜鸟网络，联合几大主要的快递公司，推出了电子面单。

电子面单能让快递发货速度提升 30% 以上。而且，电子面单成为快递公司信息化的入口和基础。原来每家快递公司都有自己的数据采集标准，各自为战，不能与其他快递公司轻松共享数据。通过菜鸟网络的电子面单，数据采集标准统一后，效率大大提高，并且可以无阻碍地与智能分单的自动流水线配合，达到每小时处理数万件包裹的速度，准确率高达 99.9%。

同时，通过菜鸟搭建的平台，合作的快递公司可以监控到全国范围内 18 万个快递网点关于包裹运营的全部数据。

可见，正是得益于信息在系统内的无阻碍的充分流动，系统总体能耗大大降低，“双十一”才能不断创出物流史上的奇迹。

第二条基本原则是关于物的原则：

让物在系统中的移动尽可能减少。

绝大多数的商品是以物的形式出现的（以比特化、数字化形式出现的商品请参考第一条信息原则），这是不可能实现虚拟的产品。关于物的任何移动，无论是运输、仓储、加工，都会给系统带来巨大的能耗。所以，必须尽可能减少物的移动，通过信息的流动与分析，来达到最低程度的能耗匹配。

马云在 2016 年 6 月 13 日的菜鸟网络举办的行业大会上说：

今天我们从事的物流快递行业 10 年以后可能会发生天翻地覆的变化。

现在整个中国每天的快递的包裹大概6000万个左右……在未来的7年中，中国每天的快递包裹将会达到3亿个。也就是说，中国的一年的包裹会突破1000亿个，这1000亿个包裹，至少会为中国创造1000万个就业机会。[①]

如果真如马云所言，中国每天的快递包裹达到了3亿个，全年达到了1000亿个，这绝对不是中国商业繁荣的象征，而是一场巨大的商业灾难和环境灾难。

事实上，当前以淘宝为代表的电子商务模式只是线上商业的草莽阶段，属于高污染、高能耗的发展中产业。

就以每天6000万个包裹计算，这些包裹所用的包装袋、胶带、泡沫绝大多数是用不可降解的塑料制造的，这会给整个社会带来多大的环境污染呢？如果每天达到了3亿个包裹，其灾难性后果更是不堪设想。

而从能耗的角度来看，我们更会发现极其惊人的浪费。假设家住浙江杭州的一位顾客，想要购买一个毛绒玩具，在淘宝上搜索后，结果购买了地址在乌鲁木齐的一位卖家的产品。于是，这个毛绒玩具在被层层包装后，从乌鲁木齐辗转数千里地，经过多个环节的交通工具与人工的接力，终于送到了杭州买家的手中。这其间的能耗是可想而知的。

但其实，这位杭州买家的对门邻居也是淘宝卖家，他家里就有一模一样的毛绒玩具。如果买家知道邻居家里就有这个商品，只要敲个门就可以拿到手了。其间可以节省多少能耗！

杭州买家之所以会买乌鲁木齐卖家的商品，而没有买对门邻居的同样商品，就是因为淘宝模式未能推动信息在系统中最充分地流动。淘宝的竞买机制、评分机制导致了这种高能耗购买层出不穷地出现。

① 资料来源：http：//business.sohu.com/20160614/n454258870.shtml?_t_t_t=0.3816341555211693。

究其本质，在淘宝系统中，不但没有做到让物的移动尽可能减少，反而是无中生有增加了很多物的移动。根据本书前面章节的分析，淘宝这种高污染、高能耗的模式一定是不可持续的。取代淘宝的，很可能是基于大数据（信息最充分流动）的分布式电商，其根本目标是尽可能减少物的移动次数并缩短物的移动距离。

第三条基本原则是关于人的原则：

让人在系统中的非情感性活动尽可能减少。

人的活动大致可以分为两类。

一类是人的情感性活动。这类活动会触发人体内多巴胺的大量分泌，让人激情百倍、乐此不疲地参与某些活动而丝毫不觉疲累。在这种状态下，高能耗反而带来了高动机。关于这一类活动，我们在本书第 6 章“能耗悖论”中加以详细阐述，在此暂不论及。

另一类是人的非情感性活动。人们在从事非情感性活动时，往往不想浪费任何的心力，追求越省力越好，越省事越好。

比如，信用卡还款这件事就是典型的非情感性活动，人们只是想用最节能的方式来完成它。最初，人们只能带着现金到银行柜台归还。这就涉及先从别处取出现金以及种种排队等候，会造成大量的时间能耗。后来有了 ATM 机，人们可以在机器上直接还款，就省去了排队的时间能耗。但还款地点还是受限制，只能到银行网点去归还。这里面还有不小的空间能耗。再后来，出现了遍布于各种便利店的拉卡拉还款机，对于削减空间能耗则是更进了一步。再到了后来，微信、支付宝的出现，使得随时随地，无须任何奔波、排队的还款成为可能。这可能是目前综合能耗最低的一种方式了。

如果一个人使用了微信或支付宝的超低能耗还款方式后，就再也不愿意回归到从前的高能耗还款方式了。可见，如果在系统中，尽可能减少人的非情感性活动，对于系统降耗是大有裨益的。

如果一定要说信用卡还款也带有情感色彩的话，那也是归于还钱会带来肉痛感的高能耗之列。即便如此，用微信通过账户信息还款的痛苦感也要大大小于用现金归还，从而还是微信还款方式的能耗最低。

第四条原则是关于人与物的能耗竞争的原则：

当人的活动和物的运动发生能耗竞择时，一般应该优先满足人的低能耗需求。

这条原则是人本精神的体现。人是社会的主体，一切商业模式的存在都是为了服务人这个主体的。所以，当人的能耗需求和物的能耗需求发生矛盾时，一般情况下，应该以人为本，优先让人处于更节能的状态。

比如，电话最初是座机，人想打电话的时候，只能走到座机跟前。这是人受拘于物，人只能通过自己的活动来适应物的固定不动。显然，人的能耗是很高的。后来，手机发明后，人就不再受拘于物了，就可以随时随地打电话了，电脑和手提电脑、录音机和随身听都是同样的道理。

根据能耗最低法则，只有让顾客深切体会到整个过程中的低能耗感，才会带来满足感。

我们可以再来看一个例子。

有过在医院做 CT 检查经历的人知道，CT 检查室都是固定于某一个地点的，病人们需要从自己所在的地点前往 CT 检查室，依次排队进行检查。这一过程中的时间能耗和空间能耗都不低。

但是，对于那些急重症病人来说，这种检查方式除了时间能耗和空间能耗之外，还存在着相当大的安全能耗。因为在将患者转送至 CT 室检查时，一些生理监测和生命支持类设备常常不得已被暂停运行，转而使用可移动式的监测和生命支持类设备。一趟转运，不仅可能加重患者病情，而且提供给患者的设备也有可能出现不可预测的故障，这时，医护人员难以提供适时的治疗措施，可能危及患者的生命安全。

在这里，明显发生了人的活动与物的运动之间的能耗竞择。为什么只能让人的活动去适应物的固定不动呢？为什么不能换个思路，让物的移动来适应人的不便于活动呢？

美国 Neuro Logica 公司研制生产的超大口径（85cm）移动式 32 排全身 CT Body Tom 解决了这个问题。[①]

这种移动式 CT 非常轻巧灵活，可随意推入监护室、急诊室、病房和手术室，机器有内置驱动系统，一个人就能推动。检查时，只需要移动扫描仪，病人在床旁就可接受检查，避免了转运风险，而且在手术中可以实施精准导航，手术医生可以一边手术一边 CT 扫描。方便病人的同时，也为病人带来了更高的安全性，特别适用于急症、危重病人及行动不便的患者。

而且，移动式 CT 无须特殊电路供电，在任何地方只要有普通电源提供就可以启动，可以在急诊中快速启用，迅速全面地对中风、重症颅脑损伤、心梗、腹部外科、泌尿系统、骨科等系统急重症进行高效扫描，快速分诊，及时诊断。而且，该设备内置锂电池，可持续待机 12 小时，在即时医疗的情况下，可借助它实施抢救。

这一解决方案，完美解决了人的活动与物的移动之间的能耗矛盾。病人的时间能耗、空间能耗、安全能耗得到大幅削减，而医院也能随着移动式 CT 的广泛应用很快收回投资，并获得盈余。

---

① 资料来源：http：//health.sohu.com/20160728/n461688291.shtml。

七大降耗策略

根据上述四项基本原则，我们可以推导出一系列富于实践价值的系统降耗策略：

1. 技术创新；
2. 算法创新；
3. 模式创新；
4. 流程重构；
5. 联合补益；
6. 细节优化；
7. 顾客转移。

技术创新

技术的出现以及不断发展，从根本上拓展了人类的生理极限。例如，蒸汽机、电力的发明应用极大地拓展了人类的体力极限，并使得人类得以将自己从繁重的劳作中解脱出来；计算机技术的发展应用极大地拓展了人类的脑力极限，使得大规模的快速运算成为可能；围棋人工智能程序 AlphaGo 已经可以完胜人类围棋的顶尖高手；汽车让人类跑得更快，望远镜让人类看得更远，飞机让人类摆脱地球重力的束缚……

技术创新是人类得以节省体力和时间最重要的方式，从而也是商业模式系统降耗最重要的策略。

共享经济的最早践行者，汽车共享公司 Zipcar、P2P 汽车租赁公司 Buzzcar 以及拼车网站 GoLoco 的联合创始人罗宾·蔡司（Robin Chase）在《共享经济》（*Peers Inc*）一书中写道：

对于没有 GPS 的生活，我很有感触，印象最深的一幕是 2003 年参加女儿卡梅伦在巴黎秋季时装周的首秀。当我按时抵达约定地点时，我看到她站在马路对面。当时她16岁。天空下着蒙蒙细雨，街道及两旁的石砌建筑都是湿漉漉的，雨水流淌过路边的水槽。她纤细的身影有些倾斜，夹在腋下的雨伞让她看起来更显瘦弱，雨水落在她的背部。她低头看一本已被雨水淋湿、破旧不堪的巴黎地图平装图册，一只手拿着地图册，而一份摊开的地铁路线图则拖在了地上。她把自己的行程安排打印在一张白纸上，上面满是各种人名、时间和地址，纸被折成扑克牌大小，部分已被淋湿，皱巴巴地夹在书中。她对雨和4摄氏度的低温毫无防备，只穿了一身春秋季的衣服，肩上挎了一个大皮包，里面装了一个超大尺寸的照片夹，显得十分沉重，还挂着一双15厘米的高跟鞋，准备随时穿上。她不会说法语，也没有手机。

在GPS导航系统出现之前，美国人的普遍做法是把地图打印出来。有一段时期，美国汽车协会的会员外出乘车旅行时可以根据出发地和目的地申请一份“建议路线图”。美国汽车协会的工作人员会针对该路线，制作出沿线的地图，并用绿色记号笔把行车路线标示出来，然后把线路图装订到一起，邮寄给会员。同时，在每座加油站都有地图售卖，在那里可以买到各个州甚至是整个国家的详细地图册。美国每辆车的驾驶室的储物箱里都堆满了这种地图。但是，每当有需要的时候，那份特定的地图往往很难找到，即便找到了，也可能因为使用次数过多，上面布满了折痕、水渍，很难看清。

如今，随着科技的发展，纸质地图早已过时，取而代之的是GPS导航设备和智能手机应用，在行驶途中可以为司机提供非常精准的语音导向提示。

蔡斯的切身体会是一个关于技术创新削减系统能耗的典型案例。当人们使用纸质地图导航时，无论是制作地图，还是在地图上搜寻目的地，都要耗费大量的时间能耗，而且还要承担纸面导航不准确带来的安全能耗。同时，地图的存储、保管也存在着关联能耗。GPS这种新技术应用的出现，使得导航的便利性、精准性都大大提高，也极大地削减了综合能耗。

再来看一个关于排队的案例。基于各项资源的稀缺性，排队是商业社会中司空见惯的现象。排队给消费者带来的生理消耗和心理消耗是无比巨大的。但是，一项简单的技术创新就能够神奇地降低这项让很多商家头疼不已的高能耗。[①]

杭州有一家企业食堂，平时有 800 名员工需要在食堂用餐，但食堂只能同时接待 200 名员工，所以员工吃午饭时必须按不同部门分时段、批次来就餐。而且，员工吃饭时还需要排两次队，一次取菜，一次结算。就餐高峰期的时候，吃一顿饭很可能要从二楼食堂排到一楼，排半个多小时的队。而且，因为人员嘈杂，收银员疲于应付，不时还会出现算错账的情况，引发更多的纠纷。这种繁琐而耗时的流程导致员工怨言不断。

这家公司后来在每个碗底加了一个小芯片，然后又设计了一套结算系统，一切就全然改观了。

收银台前，原来不可或缺的收银员已经消失，取而代之的一台液晶显示器以及桌面上的一个红色扫描区域。员工只需要把饭菜托盘放在红线区域内，液晶显示屏里马上出现饭菜的数量和总价，拿饭卡在刷卡机上一刷，就完成了整个结算过程。整个结算流程大约只需 4 至 5 秒，整个从取菜到结算的流程，3 分钟内可以轻松搞定。

原来，食堂里的碗分为几种颜色，分别对应不同的价格。每天早上，食堂工作人员在后台输入不同菜品的价格。就餐的员工根据碗的颜色来辨别价格。结算的时候，机器通过碗底的芯片迅速统计出总价。

这一做法，不但节省了就餐员工的能耗，而且也减少了食堂工作人员的能耗。特别是食堂的管理人员，以前需要到食堂实地检查，现在只需在电脑

① 资料来源：http：//www.chinanews.com/sh/2014/11-05/6754211.shtml。

前动动鼠标，就能看到更多、更全面的反馈。

一个小小的芯片的应用，就能够让排队的能耗痼疾焕然而消，不得不让人慨叹，技术在系统降耗的神奇功效确实是超越我们想象的。

我们再来看看，不断突破降耗极限的亚马逊。

亚马逊作为一个庞然大物般商业平台，其所承担的整体能耗是相当惊人的。为了降耗，亚马逊对于先进技术的探索与尝试从未停止。[①②]2012 年，亚马逊以 7.75 亿美元收购了 Kiva Systems，大大提升了物流系统的效率。Kiva 系统作业的效率要比传统的物流作业提升 2 至 4 倍，智能机器人每小时可跑 30 英里[③]，准确率达到 99.99%。

2013 年 12 月，亚马逊发布 Prime Air 无人快递。顾客在网上下单，如果重量在 5 磅以下，可以选择无人机配送，在 30 分钟内把快递送到家。无人机送货提供了一种可以绕开公路的全新选择。无人机在低于 400 英尺[④]（约 122 米）的空域飞行，许多国家的这一空域还处在闲置状态，没有使用，它可以变成全新的配送通道。无人机的成功，可以从根本上改变公司的成本结构。据德意志银行分析师的报告，未来 10 年，无人机可以让亚马逊单次送货成本下降一半。而从历史数据来看，从 2010 年至 2015 年，亚马逊每个包裹的送货成本已经从 5.25 美元降到了 4.26 美元。

在 2015 年乌镇世界互联网大会上，京东集团 CEO 刘强东提出要运用无人机作为物流配送工具，在全国村镇间建立无人机物流配送网络，由无人机来完成乡镇配送站到乡村推广员的“最后一公里”配送过程。2016 年 6 月 8

① 资料来源：http：//www.jqr5.com/news/hynews/8452.html。
② 资料来源：http：//tech.ifeng.com/a/20160811/44435535_0.shtml。
③ 1 英里 =1.60931 千米。——编者注
④ 1 英尺 =0.3048 米。——编者注

日，国内电商巨头京东在宿迁正式开展了无人机试运营。①

三星 Note 7 手机因为自燃频发而给自己贴上了一个负面的标签。而 Note 7 手机里的一项降耗功能有望成为未来的新技术趋势却被来势汹汹的负面报道所淹没了。这就是虹膜识别技术，通过这项技术，用户通过一个眼神就能解锁自己的手机。这相对于此前的指纹识别，综合能耗自然是大大降低了。②

杭州银行的手机银行于 2016 年 7 月上线了人脸认证系统，转账汇款可以通过刷脸进行。这相对于此前只能通过输入密码来进行，整体便利性大为提升，综合能耗直线下降。③

谷歌公司新开发的网页端新技术 Progressive Web App（PWA），有效削减了终端消费者接触新的 App 应用的综合能耗。④PWA 是一种模仿原生应用效果的技术，可以在网页上达到类似 App 的交互体验。谷歌在大中华区的战略合作伙伴 5miles 公司率先应用了该项技术，使其用户转化率和体验感大幅提升。5miles 公司是总部位于美国达拉斯的全球移动电商平台，提供类似于 Craigslist 公司的线上市场服务，是一个完全移动化的电商平台，目前服务超过 500 万美国用户。

一直以来，5miles 公司在移动网页端获得了大量的新客户，但却长期面临移动网页端转化率低和用户体验不佳的问题。5miles 公司原先的解决方法是引导用户在应用商店下载原生 App，但是，下载 App 的综合能耗太高了，一大批用户就此流失。

在使用 pwa 技术之后，5miles 来自移动网页端来的用户无需下载 App

① 资料来源：http：//finance.sina.com.cn/roll/2016-06-08/doc-ifxszfak3398766.shtml。
② 资料来源：http：//www.cs.com.cn/ssgs/kj/201607/t20160718_5014886.html。
③ 资料来源：http：//qoofan.com/read/58O9jVyXlD.html。
④ 资料来源：http：//finance.eastmoney.com/news/1365，20160617634851554.html。

就能享受到类似 App 的体验，无论是浏览、发消息、下单都十分便捷。只要用户将 Web 应用添加到手机的主屏幕，当再次使用时，只需点击主屏幕上的快捷方式，它就会像一个原生应用一样以全屏模式打开，为用户带来快速、便捷的网络新体验。

从数据来看，应用 PWA 技术后，5miles 公司网页端的用户跳出率降低了 50%，用户转化率劲增了 60%。更重要的是，用户在网站的浏览时长提升了 30%，黏性和活跃度均大幅提升。

总之，新技术的研发与应用，始终是商业模式走向节能化的最强劲动力。在技术创新的支撑下，易经济才有望不断地实现迭代升级。

算法创新

算法（Algorithm）是指一系列解决问题的清晰指令的组合。针对同一个系统问题，不同的算法用不同的时间、空间或效率来完成任务。因此，某个算法的优劣可以用空间复杂度与时间复杂度来衡量。

算法创新从本质上来说也属于技术创新，但在当下，算法的重要性日渐凸显，因此很有必要将其作为系统降耗的一种策略来专门加以论述。

曾经有人在评价全球汽车出行共享服务的执牛耳者优步时说："数据和算法才是优步的司机。"[①]

这一评论可谓切中肯綮。优步风靡全球，横扫数十年不变的出租车市场，正是得益于其背后的算法机制。

在优步的创始人卡拉尼克主导下，优步的算法确实做到了极大地削减能耗。这至少体现在三个方面。

① 资料来源：http：//business.sohu.com/20160523/n450906453.shtml。

首先，优步系统默认用户一旦打开 App 就是为了打车。这是一个非常重要的前提假设。只要一点开 App 的界面，优步立即为用户匹配附近最近的可用车辆。而且，用户无需输入目的地。这对于时间能耗的削减起到了立竿见影的效果。

其次，优步采用派单机制，而非抢单机制。

在优步的算法中，不鼓励司机通过抢单来为客户提供服务。因为任何的竞争都会增加时间能耗。在抢单机制下，抢单成功的往往是反应最快的司机，而不是能耗最匹配的司机（距离最近的司机）。在优步的派单算法下，当用户一键下达用车指令时，优步后台会根据算法自动匹配，将订单发送给离他最近的车辆，并要求司机 15 秒内回应。派单算法不但可以减少用户的能耗，也能减少司机的能耗。在抢单算法下，司机需要时刻盯紧手机，查看有没有跳出来的新需求。这一方面导致司机的精神高度紧张，另一方面导致司机分心。无论哪种情况，都会增加司机的能耗，并给乘客带来更大的安全风险（安全能耗）。

最后，优步不设置预约功能。

对于乘客来说，预约是为了确保自己的用车需求。但对于一个系统来说，并不一定非得通过预约来达到这个目的。只要确保系统中有足够的车辆，以及匹配得及时，就可以随时随地满足乘客的需求。事实上，预约是会增加司机的能耗的。司机为了完成预约，不得不分神考虑自己此前的行程能够及时满足预约的时间和地点要求。为了不误时，司机有可能留出更多的冗余来确保预约的任务。这很大程度上会造成司机的时间白白浪费。这等于导致了整个系统的能耗高企。

优步通过算法的优化，使得乘客无须预约也一定能够在 5 分钟内打上车，成功解决了这个问题。优步内部设定的一个重要考核指标——预计到达时间

（Estimated Time of Arrival，ETA）就是 5 分钟。目前，优步在一些重点城市或国家的 ETA 为：旧金山是 2.4 分钟，纽约是 2.7 分钟，墨西哥是 4.1 分钟。

作为优步在中国最大的竞争对手的滴滴出行，刚开始的算法采用和优步完全不同的抢单制，其能耗弊端我们前面已经分析过了。

2014 年 9 月，滴滴认识到了自身算法对于系统降耗的不良影响，转而向竞争对手学习，也采用了以距离为主要衡量指标的抢单模式。[①]

虽然滴滴仍是采用抢单模式，而非优步式的纯派单模式，但这一重大算法调整仍有很明显的系统降耗作用。

滴滴打车在新推出的司机端 2.4 版产品中，对司机抢单模式做出重大改进，改变了以往单纯依赖速度为主的抢单模式。新的抢单原则是“距离为王”，当第一位司机提交抢单申请数秒内附近其他司机仍可提交申请参与抢单，但司机与乘客之间的距离成为司机是否获得订单的主要标准，谁离乘客最近谁就可获得订单。

新的抢单规则意味着，此前所有手快、网络快或者其他辅助抢单模式都将失去作用。过去，时常有出租车司机为获更多奖励，盲目抢先接单，抢单后又因距离远等问题而违约让乘客体验不好。同时，另一些司机因为抢单速度较慢，经常错过一些近距离的乘客。

而距离最近的出租车司机接单后，对乘客也是重大利好，因为乘客的等待时间能够进一步缩短。

可见，滴滴的这一重大算法变革，是符合整个系统降耗的要求的。

滴滴收购优步中国后，乘客们日渐感觉滴滴很难打到了，而且价格越来

① 资料来源：http：//tech.huanqiu.com/net/2014-09/5135192.html。

越贵。曾为优步中国第八位的员工谈婧对此专门发表了自己的看法[①]：

作为曾经的专车行业从业者，我认为造成现在这种状况的根本原因是滴滴的派单逻辑存在问题，导致其引导了司机的故意加价和接单速度慢。

你也许注意到这个界面（如图 5-1 所示），打车的时候，界面默认在加价的选项上（而且加价还不少！），用户可以选择加不同的价格，而平台会告诉你加不同价格的接单可能性，如果加一次没被接单，可以调整加价再次叫车。

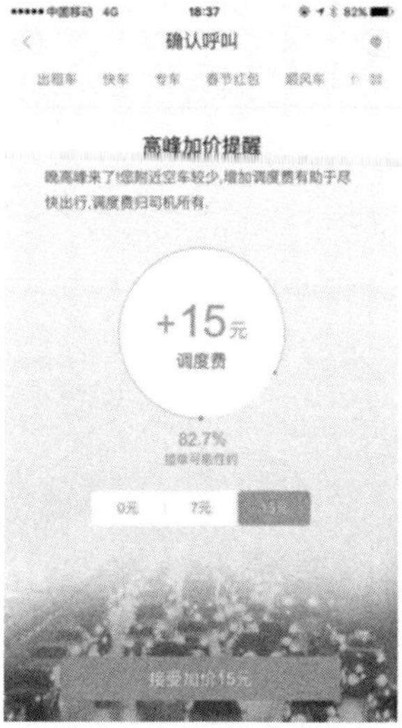

图 5-1　滴滴加价规则

刨去平台盈利压力的因素，这样的规则制定会给平台双方带来什么激励呢？司机知道用户可以多次选择加价，于是司机选择第一次不接不加价的单子，他知道你叫不到车就会提高小费，就故意等着。于是这个规则的结果，是乘客反复加价才能叫到车，浪费了时间，还很可能付了更多的钱。这个规

① 资料来源：https：//www.huxiu.com/article/179231.html。

则下，双方都能够玩“自作聪明的游戏”，但结果是双方都浪费了时间（这是打车系统效率最大化的最重要参数），用户花了更多的钱，给了规则制定者更多牟利的空间。

可以说，这个规则从诞生之日起，就是可以被人投机取巧的，且整体效率是更低的。

谈婧进一步分析了优步和滴滴在算法逻辑上的根本区别。优步的规则设置非常简单，乘客叫车的动作只按一个按钮，不可以选司机，不可以自己加价；司机接单只能接受被派的单子，不可以挑选单子，也不知道单子的详细情况；派单完全由系统制定，距离最近是派单的唯一标准细节；动态加价的价格由系统计算制定，用户只能选择接受或不接受。

在优步的规则框架下，个人几乎没有操作的空间。而滴滴以及其他国内打车 App 的规则就给了用户很多操作的空间。在易到初期，乘客可以选择具体的汽车型号和司机；在滴滴，乘客可以选择加价多少，司机端采用抢单制，司机听不断播报的单子，抢自己喜欢的单子，乘客得到的车不一定是最近的。

在滴滴的规则下，规则设计者更加省事，系统承载的计算量要小得多。比如，系统不需要计算动态加价的具体价格，而只要设置相对宽泛的阈值和对应的少数几个推荐加价额，由个体自己选择加价多少，并经过多次试错找到匹配。

上述对比，让我们清晰地看到，系统降耗的第三条基本原则：尽可能减少人的非情感性活动。人的活动总是充满了主观的算计以及看似理性的思考，这不可避免地会增加系统的能耗。只有像优步一样，尽可能让合理的算法来掌控系统的运营逻辑，才有可能将整个系统的能耗降至最合理的低水平。

事实上，在优步团队中，工程师的人数占一半以上。优步曾经与谷歌合作，希望通过谷歌的时间算法来计算用车抵达时间，但最终效果并不理想。后来，优步自行组建了多学科混搭的算法团队，笼络各方人才，围绕需求预测、拥塞预测、供应匹配、智能调度、动态定价等开展算法编程，以实现用最少的车，低能耗高效率地满足顾客的出行用车需求。

当然，优步的算法也并非人类追求系统降耗的顶峰。

比如，2017 年 1 月，专利网站 Patent Yogi 爆料谷歌成功申请了一项名为“Determining Pickup and Destination Locations for Autonomous Vehicles”的专利。这项专利技术能够使自动驾驶汽车计算最佳接客地点、行车路线等，以确定整个行车计划。[①]

谷歌的这项专利的核心是一个“中央派遣系统”（Centralized Dispatching System），这个系统的算法能够综合考虑各种因素，如无人车当前位置、安全性、本次服务的实用性等，计算出适合乘客的理想上车、中途停靠、目的地下车位置。

这样一来，乘客下单之前只需要简单预设好目的地，无人驾驶汽车就能综合目的地、已知路况等信息来推荐一些适宜的上车位置，乘客可以根据实际情况来选择最合适的选项。这项技术可以增强自动驾驶服务的机动性、安全性和实用性。显然，这是系统降耗最理想的状况。

总之，人力有时而尽，算法潜力无穷。系统降耗必须在算法的创新与优化上多下功夫，将繁重艰巨的任务托付给算法，是最明智的选择。

模式创新

模式创新往往是在综合运用技术创新或算法创新的基础之上的。由此我们也可以断言，模式创新对于系统降耗的效果是相当惊人的。

---

① 资料来源：http：//www.itbear.com.cn/html/2017-01/198627.html。

比如，近几年盛行的联合办公模式就是一个非常好的例子。①②

联合办公领域的全球领先者是美国的 WeWork。WeWork 成立于 2010 年，由亚当・纽曼（Adam Neumann）和米格尔・麦克凯尔维（Miguel McKelvey）联手创建，专注于联合办公租赁。WeWork 的运营模式是，选择交通便利、位置繁华的地段，通过谈判以低于市场平均水平的折扣价整体租下写字楼，进行专业化的装修设计，让空间变得个性化、时尚化，然后分割成一个个独立的小空间，以高于附近一般办公空间的价格出租给微小初创企业或个人。

WeWork 采用会员制，基本的入会费是 45 美元一个月，WeWork 为会员提供办公空间、会议室、线上平台资源、优惠福利、社区活动。成为 WeWork 的会员后，就有了 WeWork 的平台账号，可以使用线上平台，进入 WeWork 的创业者社区，享受 WeWork 引入的各种各样的商业服务、商家福利。

WeWork 的核心价值并不是它提供的办公空间，而是其附加的线上平台的社区及服务。WeWork 的线上平台已有 4.3 万多高质量创业型用户，其中将近 70% 是活跃用户。这些用户可以获得 22 大类的商业服务，涵盖一家企业所有需要涉及的方方面面，包括财务、广告、品牌策略、商务运营、管理咨询、设计、保险、投资、法律服务、室内设计、市场营销、移动开发、编程、拍照和摄像、公共关系、房地产、招聘、社会化营销、文书写作，等等。

每一大类中根据行业属性，又分为若干小类。比如“设计”这一大类中又细分为动画设计、交互设计、展示设计、用户界面设计、概念设计、标识设计、市场宣传物品设计和印刷、产品设计、移动应用程序设计、网站设计等；在“编程”这一大类中又细分为云计算、数据库、前端开发、系

① 资料来源：http：//business.sohu.com/20160426/n446165139.shtml。
② 资料来源：http：//gb.cri.cn/44571/2014/11/15/7851s4766793_4.htm。

统集成等。每一个服务类别中都有多家服务供应商，可供会员根据自己的需要自由选择。

入驻 WeWork 空间的会员企业，通过在线下一起办公中的交流，以及在线上发布各种信息相互展示及交流，可以更方便大家进一步了解，达成各种业务合作。总共 4.3 万名会员已经足以形成行业分布及业态形式极为丰富的生态圈，进入 WeWork 体系的会员，可以迅速找到目标客户以及产业链上下游的合作伙伴。

同时，WeWork 还会为会员提供一些特殊的福利和优惠带。比如，WeWork 会员使用亚马逊 AWS 云服务提供的网络主机第一年可免除 5000 美元费用；使用微软公司的 Office 365 软件可以享受 25% 的折扣等。

正是得益于这些超值资源的整合，尽管 WeWork 的场租费不菲，还是有很多中小企业纷纷入驻。比如，WeWork 每平方英尺的租金高得惊人：一张办公桌的月租为 350 美元，一间 64 平方英尺办公室的租金为每人 650 美元。但当 WeWork 在伦敦绍森德（South End）开设最新的办公地点时，刚一开始就租出去了 80%，而其他的写字楼需要几个月才能达到这么高的出租率。事实上，如果把安保、前台、宽带、打印等服务的支出考虑在内，WeWork 会员每月可以节约几百美元，而且无须自己操持这些烦心事。

WeWork 开创的这种联合办公模式，无论是对大公司、创业企业还是个人，都是一种绝佳的系统降耗选择。这也为它带来了世界范围内的诸多模仿者。

中国联合办公领域也出现了不少 WeWork 的学徒。创办于 2015 年 4 月的优客工场是其中做得比较好的一家，陆续完成了多次融资。2017 年 1 月 18 日完成的 B 轮融资，总额约为 4 亿美元，包括天弘基金、俊发地产集团、上海创合汇基金、天明双创科技有限公司、大宏集团在内的多家知名投资机构参与投资。融资完成后，优客工场的估值约为人民币 70 亿元，被誉为中国联合办公领域的第一家独角兽企业。[①]

但是，在生态建设上，优客工场可能还需要进一步提升，才能让入驻企业享受到系统降耗的丰厚红利。

我们再来看一个极富想象力的模式创新案例。

在我们惯常的思维中，买书肯定是要去新华书店或网上书店的，借书肯定是要去图书馆的。这似乎是两件互不打结的事情。但是，杭州图书馆却用一个天才般的创意将这两件事变成了一件事。[②③]

2016 年 1 月，杭州图书馆正式推出了新年“悦读”服务计划。这项计划通过与杭州市新华书店合作，让读者自行前往书店挑选自己想要的新书。读者在书店办理借阅手续后，无须付款就可以将书带走，为书买单的是杭州图书馆。读者读完书后，再归还至图书馆，作为馆藏图书。

这一模式创新对于资源的跨界整合力度简直让人不敢相信！我们先来了解一下详细的流程。

读者一走进书店，就能看到推介“悦读”服务计划的巨幅海报。书店的总服务台，提供了杭州图书馆借阅专用 Wi-Fi 账号和密码。读者根据提示，首先链接无线网络，下载杭州图书馆自行研发的悦读服务 App（这个 App 程序不大，只有 8.57MB）。然后，读者可以在新书架上挑选出自己心仪的图书，再打开悦读服务 App，找到“扫码查书”栏，扫描图书背面的 ISBN 条形码，屏幕上立即显示出这本书的条形码号、图书名称、出版时间、出版社、作者等信息。其中最重要的信息是最后两条：一条是“馆藏数量”，一条是“您

① 资料来源：http：//www.cs.com.cn/xwzx/cj/201701/t20170118_5159295.html。
② 资料来源：http：//hznews.hangzhou.com.cn/wenti/content/2016-01/08/content_6037767.htm。
③ 资料来源：http：//www.rmzxb.com.cn/c/2016-02-16/699543.shtml。

还可使用悦读购买数量”。

这两条信息决定了读者能否在书店借阅这本新书。比如，某一本新书的这两条信息是：“馆藏数量：2”和“您还可使用悦读购买数量：8”，这说明，图书馆里已经有了两册你选中的新书，但根据图书馆的馆藏上限，还可以继续购入8册。这就表明读者可以放心地借阅此书，而图书馆会为读者的借阅买单。

接下来，书店的服务员拆开书封，在书中贴上芯块和磁条，在页首盖上杭图公章，借书就完成了，整个流程不超过3分钟。

试运行期间，悦读计划也有一些限制：

1. 教材教辅类图书、标准产品目录类图书、成套古籍、馆藏复本达到上限等图书均不在上述借阅之列；
2. 单册图书价格必须低于300元；
3. 少儿读者只能借阅少儿图书；
4. 借阅点和还书点尚未全面铺开。

第一时间就能免费看新上市的图书，这一新鲜激发了无数读者的尝试兴趣。一位报社记者在现场看到，每隔半小时，服务员就会通过广播告知这项新服务，接着就会有一拨购书者抱着新书来咨询借阅事宜。

杭州庆春路购书中心统计了一下元旦期间的借阅情况，在未对卖场外传播消息的前提下，1月1日至3日试运行期间，共有40多位读者借走了154本新书。其中，一位“70后”读者一口气借阅了14本新书，创下了“悦读”计划借阅之最；来办理借阅的读者中，既有“50后”，也有“90后”，以“80后”为多；在借阅的图书中，大多以青少年读物、通俗读物为主；在这154本外借新书中，有100本零售定价超过40元，约占整个借阅量的三分之二。

到了2月份，悦读计划赢得了读者更大的参与度。在庆春路购书中心，等待借阅新书的队伍常常从这头排到那头，读者借阅新书热情高涨，平均每天都有 1000 多册图书被外借。

一直以来，公共图书馆的服务模式都是依照采、编、藏、借的流程，一本新书从采购到被读者借阅至少要一个多月时间，而且，选购图书是图书馆馆员的专职。这显然是一条高能耗的服务链。

但是，尽管能耗高企，读者们却不买账。供需不对称的现象在一些图书馆普遍存在，一边是读者发出“借不到好书”的声音，一边是有的图书无人借阅“束之高阁”。而实施了悦读计划后，一方面，借书的主体——读者拥有了选书权，可以借阅到自己心仪的新书。读者最快可借阅到一星期内刚出版上市的新书，还省去了专门跑去图书馆借书的过程，大大削减了时间能耗。另一方面，读者化身为免费的图书馆馆员，可以节省图书馆的时间能耗和价格能耗。

总之，模式是基于不同资源的整合的，通过模式创新，我们可以出人意料地大幅削减系统能耗。

流程重构

医院可谓是一个高能耗重灾区，其具体表现为“三长一短”，即挂号、收费、取药时间长，医生看病时间短。

在前面的章节中，我们曾经以患者在医院看病为例，列举了整个流程中一系列高能耗点。这个看似无解的老大难问题，事实上，在技术支撑下进行流程重构，完全可以实现大幅度的系统降耗。

杭州市的“智慧医疗”体系就是通过流程重构实现“两减少一就近”：减少各种排队（付费、挂号、充值）；减少在医院停留（提高诊疗服务效率、医疗事务外移）；在家门口就近看病（家门口看常见病、带病养老家门口就医、带病失能上门医疗）。[①②]

这一流程重构是分步骤在几年的时间里实现的：

1. 2012 年 7 月，杭州市第一人民医院、杭州市市红会医院开始试点全门诊预约诊疗；

2. 2012 年 9 月，杭州市 9 家市属医院全面实行全门诊预约、分时段就诊新模式；

3. 2012 年 10 月，杭州市红会医院开始试点市民卡诊间结算服务；

4. 2013 年 1 月，杭州市 9 家市属医院全面实施市民卡诊间结算服务；

5. 2013 年 10 月，杭州市主城区各社区卫生服务中心全部推广上述服务；

6. 2013 年 2 月，杭州市中医院开始试点住院病人费用床边结算服务；

7. 2013 年 9 月，杭州市市属医院所有病区全部实施住院病人费用床边结算服务；

8. 2014 年，杭州市第一人民医院全面实现"全院通""全自助""全人群"。

所谓"全院通"是指杭州市所有市属医院的"出入院床边结算"，将住院窗口结算转变为市民卡"床边结算"、护士站结算。而且，市民卡的智慧结算服务还延伸至市属医院的注射室、B 超室、放射科、心电图室等医技科室以及院内停车场、小卖部、食堂等需要收费的所有环节。

所谓"全自助"是指设在门诊大厅、候诊区域等病人比较集中的场所配置了许多统一标识、统一外观、统一功能、简便易操的多功能自助机，这些自助机具备了办卡、充值、预约、挂号、查询、缴费、化验单打印等许多交互服务功能。越来越多的杭州市民逐步放弃了传统的窗口排队，更多地选择自助服务。不少医院还关掉了各楼层收费窗口，部分医院除保留个别传统窗口用于人工处理以外，关停了门诊大厅挂号收费窗口。

① 资料来源：http：//hzdaily.hangzhou.com.cn/hzrb/html/2014-12/16/content_1860345.htm。
② 资料来源：http：//hzdaily.hangzhou.com.cn/hzrb/html/2015-02/07/content_1897195.htm。

所谓“全人群”是指杭州市13家市属医疗卫生单位，主城区45家社区卫生服务中心、276家社区卫生服务站，16家县级医院、10家省级医院和2家民营医院都推行了市民卡“诊间结算”。杭州市区居民可以在两区五县（市）县级医院进行“诊间结算”，两区五县（市）的居民也可以在主城区的市级医院和社区卫生服务机构进行“诊间结算”，基本实现了全市通用。同时，为了使自费病人（非医保覆盖人群）享受到智慧医疗诊间结算的便利，杭州市推出了“浙江·杭州健康卡”诊间结算。截至2014年11月底，9家市属医院共计已发放健康卡105 731张，以推动智慧结算的“全人群”受益。

这里还需要特别解释一下所谓的“诊间结算”。以往在医院看病，挂号、做检查、拿药等每个诊疗环节都要先到收费窗口排一次队、付一次费。而“诊间结算”则是指病人在接受医生诊疗时只要使用市民卡，在医生诊室就能直接刷卡进行医保和自理部分的费用结算，而无需中断诊疗过程专门跑到支付窗口去付钱，这极大地削减了病人的时间能耗和空间能耗。

预约机制的实施以及分布在医院大厅里的大量自助挂号机分流了大量的病人，使得很多耗时耗力的大排长队不再是常规场景。大多数病人包括老年人直奔门诊大厅一长排的自助挂号机挂号。挂号单上写明了就诊时间，如果时间宽裕，病人大可先去办完事再来候诊。年轻人更喜欢事先上网挂好普通号或专家号，再踩着点来拿号看病。

自2012年以来，杭州市已有250万社保参保人员开通了市民卡“智慧医疗”诊间结算功能，累计627万人次的门急诊患者享受到便利，按人均至少节约1小时计算，全社会降低时间成本超过627万小时。

同期，网上检验、体检报告查询系统服务总人次95.3万，保守估算至少有10%的人群免除专程到医院取报告单的来回奔波，按人均至少节约2

小时计算，全社会降低时间成本近 20 万小时。

杭州市智慧医疗项目以解决看病难、看病繁、方便患者为出发点，以医疗服务流程再造和服务效率提升为切入点，这一重大创新几乎颠覆了几十年来医院里的传统看病流程，也极大地削减了系统能耗。

当然，以降耗为根本目的的流程优化永无止境。杭州市的智慧医疗项目还可以推行智慧医疗，搭建医养护健康信息平台，联通各医疗机构信息，规范全市统一标准的电子病历。同时，还可以创新支付方式，除了市民卡之外，手机上的支付宝、微信支付都可以用于支付医疗费用等。在配药、取药方面，也可以建立全市统一的配取药送药服务系统，患者可选择直接在医院取药、就近药店取药或通过第三方有专业资质的医药机构配送到家等。

关于流程重构，我们还可以再来看一个品胜电子的案例。①

品胜电子是一家传统 3C 数码制造商，已经连续几年做到了数码电池、充电器、移动电源等产品的国内销量冠军。但真正令人刮目相看的却是它对于物流流程的创新与重构。

品胜原来的业务模式主要是依托京东、淘宝等电商平台，同时也有一些线下自营门店，销售自家生产的 3C 产品。但是，电商平台的高能耗一直是电子商务的普遍痛点。

2011 年 5 月，品胜的创始人赵国成在北京中关村的一家自营店发现了一辆金杯商务车经常闲置在一边。原来，这辆金杯车是专门为京东送货准备的，没有接到京东的送货请求时就闲置待命。

当时，品胜的 3C 产品因为性能较好，价格较低，在京东商城的销量较大，中关村的这家门店每周需要给京东送四五次货。京东一般在头一天下午把需

---

① 资料来源：http：//finance.sina.com.cn/manage/mroll/2016-12-13/doc-ifxypipt1250538.shtml。

要的数量和品种发给品胜的自营店，自营店第二天备好货后，送到京东在郊外的仓库中。由于京东仓库距离较远，北京的交通状况又非常拥堵，往往给京东送货就需要一天的时间。

生性节俭、对成本非常敏感的赵国成觉得这样的流程浪费太大，仅仅为京东送货就要配备一辆汽车，这需要卖出多少的产品才能赚回成本呢？他对整个物流流程进行了深入思考，发现了能耗高企的弊病所在。

假设有一位顾客就在中关村，他在京东上下单后，他所需要的商品需要先从品胜的门店运送到京东位于北京郊区的仓库，然后再由京东的送货员骑着电动车从仓库取货，然后在费尽周折，重新运回到中关村，送到顾客手中。这一圈下来，时间能耗浪费惊人！

而品胜在中关村就有自己的门店，为什么不让自己的门店就近派送，这能够节省多少能耗呢？

从这个问题出发，品胜从2012年开始，开始自建物流，并推出了“品胜•当日达”，承诺用户在24小时内可以收到货品，如果超时，则做免单处理。

要实现这个承诺有些像天方夜谭。中国幅员辽阔、地形复杂，要在24小时内送货上门，谈何容易！

品胜自己拥有三四百家门店是远远不够的。传统的解决思路是在全国各地建立密密麻麻、星罗棋布的自营店或仓库。但是，这样做的背后需要巨大的不可估量的投入，不但要投资兴建门店（仓库），而且要广为招募经营人员，还要在全国范围内充分储备货源。真的要这样做，品胜就成了另一个京东了。京东在2011年宣称要投入100亿元来自建物流体系。如此巨额的投入并不是品胜所能承担的。况且，即便品胜不差钱，建成了这样的物流体系，依然摆脱不了传统方式的高能耗痛点。

品胜的做法是吸引原本就分布于社区学校、街头巷尾的数码便利店加盟，共同组建一个遍布全国的门店之网，从而在根本上实现商品递送的最短距离（第二条基本原则）。

要想让这些闲散资源能够不折不扣地服从品胜的统一调度，必须让它们获得足够的利益驱动。

品胜自行开发了一个信息系统，确保了所有的产品线上线下统一价格，同时根据最近距离原则，当消费者在网上下单后，品胜的后台系统利用百度地图和高德地图交叉验证，自动将消费者的收货地址与加盟店地址进行匹配，确定距离消费者最近的门店，然后将这一线上的销售流量免费分配给这个加盟店。

线上线下同价，确保了品胜体系内不会出现内部恶性竞争。品胜在京东、淘宝上的购买流量免费导流给线下最匹配的加盟店，等于是直接把销售利润送给了这些加盟店。这两大措施构成了最好的利益动力，让这些五花八门的加盟店形成了一个统一协调的整体。截至 2016 年，品胜已经在全国范围内拥有了 1 万多家加盟店，这一数字还在不断增长之中。

《O2O 复盘》一书用“让商品走最短的路”这句话总结了品胜当日达系统的核心理念。这句话实质上就是本书提出的系统降耗四项基本原则的第二条。品胜当日达经过 3 个步骤就可以抵达消费者，这一指标可以说是全国最为领先的。而尤为重要的是，在一线城市，一些电商巨头布下了重兵，也能实现 3 步送达。但是，在三四线城市以及更为下沉的乡镇，品胜的速度优势就更为突出。《O2O 复盘》特别给出了品胜模式与其他电子商务模式的流程对比。

假设一位家住江苏省淮安市的消费者通过京东商城购买品胜的产品，其递送流程如下：

品胜总仓→品胜南京仓→京东南京仓→京东淮安仓→消费者

假设这位消费者通过品胜当日达购买品胜的产品，其递送流程如下：

品胜总仓→品胜淮安仓→消费者

两相比较，品胜当日达的能耗优势非常明显。品胜这一基于系统降耗的流程优化，本意是为了提高自有系统的效率，但却迎来了更大的意外之喜。巨大的能耗优势使得品胜当日达成为了一个具备极大竞争优势的平台，不但可以用于销售自己的产品，也有望成为其他商品的销售及配送渠道。

总之，商业模式的整个流程中必定存在着很多高能耗的环节，如果能够通过流程重构或优化，消除这些高能耗点，一定可以超越预期地实现系统降耗的根本目的。

联合补益

资源的互补合作是商业模式的常见组合方式。不同的公司之间通过联合补益可以相互弥补短板，提高资源的利用效率，这也是系统降耗的重要策略之一。

“唱吧”是一款手机上的 K 歌 App。这款应用把手机变成了简易便捷的 K 歌房，用户不但可以随时随地 K 歌，而且还可以将自己所唱的歌曲上传分享。自从 2012 年上线后，唱吧逐渐吸引了 2 亿多用户。为了更好地将用户规模转化为商业收益，唱吧决定将线上的流量导流至线下的 KTV 实体店。①②③

但是，唱吧自身并没有经营 KTV 实体店的经验，如果从头摸索，将是一

① 资料来源：http：//36kr.com/p/217708.html。
② 资料来源：http：//news.mydrivers.com/1/357/357236.htm。
③ 资料来源：http：//event.sj998.com/shangjiedongtai/480163.shtml。

个能耗极高的试错过程。为了降低能耗，提高成功率，唱吧与传统 KTV 的经营者“麦颂”展开合作。麦颂是一个连锁品牌，在北京开有好几家 KTV。

这种联合补益方式显然是一个双赢。对于唱吧来说，线上的流量导入线下，增进现实社交，有望取得更好的变现成果。对于麦颂来说，KTV 实体店正在走向式微，线上的流量可以带来新的补充性增量。

两者的结合不但降低了双方的能耗，而且为 KTV 带来全新的经营形态。

2014 年 12 月，第一家“唱吧麦颂”KTV 在北京开始试运营。

用户在进入唱吧麦颂的 K 歌房之前，需要在点歌台扫二维码加入房间，同时也加入了该房间的线上互动聊天室。所有的活动都会在聊天室里体现。不在房间内的人也可以通过扫描现场 K 歌者发送来的二维码扫描加入房间。这样，参与 K 歌分享社交的人就超越了空间限制。

在唱吧麦颂，活动方式除了原有 KTV 的点“唱歌”“互动打分”以及原来唱吧上的“录制”“分享”之外，还可以将手机作为“万能遥控器”，用于操控点歌、游戏、购物、聊天互动等所有活动。

每个 K 歌房里还加了三块屏幕，其中一块是开放给第三方的游戏平板，镶嵌在桌面里，可以与手机互联，供用户开展游戏对战或施加惩罚等。另外两块是大屏幕两边的投影屏幕，在主屏幕播放 MV 时，副屏会播出 Live 版本，或者明星照片墙，甚至还可以植入广告，以增加盈利途径。原本的点歌台被两块操作台替代，一台和传统点歌台功能相似，另外一个则是互动台，用户可以关注在本店内的其他用户，做更多社交层面的事情。

根据唱吧价目表，夜晚黄金时间段，迷你型包间的单价为 25 元 / 小时，超大型包间为 95 元 / 小时，与传统的 KTV 价格相比价格略低。唱吧 CEO 陈华认为，之所以设定这样的价格体，是因为线上线下相结合的 KTV 并非只能靠酒水盈利，消费者在互动中产生的价值往往比这些显性的消费利润更大，互动和游戏都有可能成为收费模式。例如，给房间唱歌的妹子发一个“求电话”，或者在游戏中寻求额外支持，都存在着新的盈利可能。

2015年9月，《华盛顿邮报》宣布，将每天近1200篇当日的原创文章“毫无保留”地发布在社交网站Facebook的Instant Articles（即时文章）上。[①]

Instant Articles是Facebook此前半年推出的即时新闻阅读应用。《华盛顿邮报》的用意很明显，报纸的读者日益流失，吸引读者的能耗越来越高。而Facebook的月活跃用户已经超过了16亿，人们每天花在Facebook手机应用上的时间也非常惊人。据统计，在美国，使用智能手机的人有85%的时间都花在手机App上，这其中的84%都只贡献给5款App。在这5款App中，Facebook一家独大，占去了22%的使用时间。

《华盛顿邮报》就是想通过与Facebook的联合补益，来接触和吸引到更多的读者。Facebook的Instant Articles功能经过技术优化，其加载内容的速度比《华盛顿邮报》自己的移动网页及App更快，而且支持视频自动播放，从而能够降低用户的综合能耗，极大提升用户的阅读体验。Instant Articles项目负责人说：“任何东西，只要我们把速度搞上去了，用户的参与度也就上去了。”更快的加载速度确实更能满足用户的预期，反之，就会导致读者流失。

《华盛顿邮报》同时还能获得丰厚的广告分成。Facebook同意，通过Facebook自身的广告网络销售出去的广告，收入所得70%归媒体所有；而媒体在Instant Articles上发布的内文广告，全部所得皆归媒体。

当然，Facebook在给《华盛顿邮报》带来诸多惠益的同时，也会因为

① 资料来源：http：//news.qq.com/original/dujiabianyi/huashengdunyoubao.html。

优质内容在自身平台的入驻而增加平台的吸引力及读者黏性。

哥伦比亚大学新闻学院数字新闻中心（Tow Center for Digital Journalism）主任埃米利·贝尔（Emily Bell）认为："如果合作能够带来经济上的好处，那么各大媒体机构都会去合作。这一点不用怀疑。"

贝尔的判断是正确的。据《华尔街日报》2016 年 6 月 22 日报道，已经有近 140 家知名媒体与 Facebook 签订了合作协议，将自己的内容发布在 Facebook 上。这些知名媒体包括 CNN（美国有线电视新闻网）、《纽约时报》等老牌传统媒体，也包括数字媒体 VOX、Tastemade、Mashable 和《赫芬顿邮报》。

类似的例子还有很多。

亚马逊除了在人口稠密地区建设了几十个仓库之外，还采用"邮政注入"系统，用自己的货车或由独立的承运人将整卡车的订购商品从亚马逊的仓库送到离用户住宅最近的当地邮局的库房，再由邮局向顾客送货。这样就可以免除邮局对商品的处理程序和步骤，为邮局发送商品提供便利条件，也为自己节省了资金。①

谷歌在安卓和 iOS 系统上最新版本的谷歌地图上增加了新功能，用户可以在不离开谷歌地图 App 的前提下从优步叫到一辆车。此前，下单这一行为一定要通过优步 App，现在，乘客仅需用优步账户信息登录，通过谷歌地图就可以叫车、付款。此后，谷歌还增加了一系列新合作伙伴，包括巴西的 99Taxis、印度的 Ola Cabs、英国和西班牙的 Hailo、德国和西班牙的 MyTax、英国的 Gett 等。如果用户附近有可用车辆，谷歌地图 App 就会显示预估车费及接车时间，用户点击车辆就能预约打车。谷歌的目的是："查

① 资料来源：http：//www.examw.com/wuliu/anli/98423/index-2.html。

看地图后，我们将向用户展示各种可用的打车服务，如果服务商有各种不同的打车服务选项，我们也会展示给用户。”①

我们还可以来看一个反面的例证。

Cyanogen 是智能手机第三方安卓系统 CyanogenMod 最早的开发者。后来，CyanogenMod 一度成为很多安卓用户“刷机”（改变内置系统程序以获得更多好玩的功能）的首选。

2012 年年底，Cyanogen 的开发者史蒂夫·康迪克（Steve Kondik）创办了公司，要将 CyanogenMod 商业化，他的目标是“对着谷歌的脑袋来一枪”，从谷歌手里解放安卓系统。

Steve Kondik 的目标得到了很多人的支持，其累计融资高达 1.1 亿美元。鼎盛时期，有超过 5000 万用户在使用 CyanogenMod 系统。

但是，到了 2016 年底，Cyanogen 却不得不接受黯然失败的命运。其中一个很重要的原因是它把主要精力放在操作系统研发上，而忽略了和手机厂商的合作。缺少厂商的预装，Cyanogen 只能寄希望于有专业水平的用户自行刷机，但后来的绝大多数用户都是缺乏这种专业技能的人，而且自行下载的能耗也是明显高企的。Cyanogen 的使用能耗过高，最终导致了乏人问津。而中国的明星品牌小米，最早也是和 Cyanogen 同样的套路，推出了 MIUI 操作系统，随后开始生产硬件手机，一度成了中国本土智能手机的领头羊。而 Cyanogen 缺乏硬件厂商的联合补益，独力难支，只能吞下苦涩的失败之果。

总之，联合补益是非常有效的系统降耗的策略。拥有不同资源的双方或多方通过对资源的对接整合，可以快速弥补各自的不足，并创造出更大的价值。

① 资料来源：http：//travel.ce.cn/gdtj/201603/18/t20160318_3602023.shtml。

细节优化

能耗就隐藏在细节中。每个细节看似不起眼的能耗累积起来，总量相当惊人。压死骆驼的并不是最后一根稻草，而是一根根稻草的累积。这就需要对商业模式的每个环节进行细节性的能耗优化。

宜家使用最少的材料，以最简便的组装方式设计和生产产品，并将产品以拼图的形式码放，以节省更多空间。为了保证消费者能够在三个小时内将小型便宜的物品自行组装，宜家的说明书团队每年使用卡通形象画出1400个没有文字解释的组装说明。[①]

微信公众号“离线Offline”曾经刊发过一篇《从宜家说明书中学到5件事》的文章，详细介绍了宜家在产品说明书这个细节上为消费者精心考量的降耗支持。[②]

首先，宜家采用了一种没有任何文字的说明书，以便让不同语言不同背景的人，都能用最简单的工具把产品组装起来（如图5-2所示）。

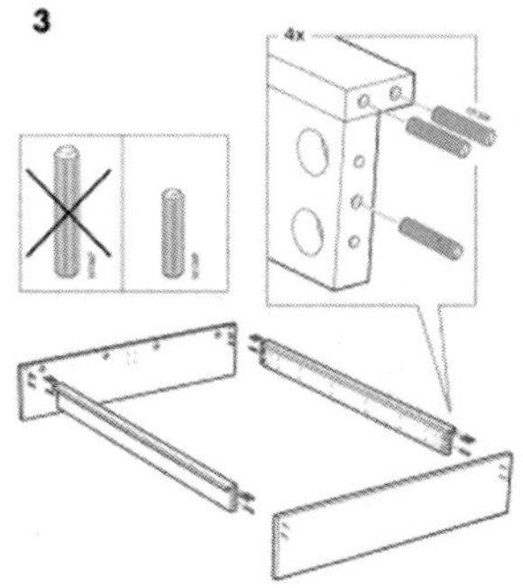

图5-2 宜家产品组装说明

① 资料来源：http：//www.67156715.gov.cn/index.php?a=show&c=index&catid=65&id=3885&m=content。
② 资料来源：https：//www.ishuo.cn/doc/crzsrqqf.html。

其次，宜家的说明书按照 1∶1 的真实比例画出各种小零件，以便消费者组装时比对不同尺寸的同类小零件（如图 5-3 所示）。

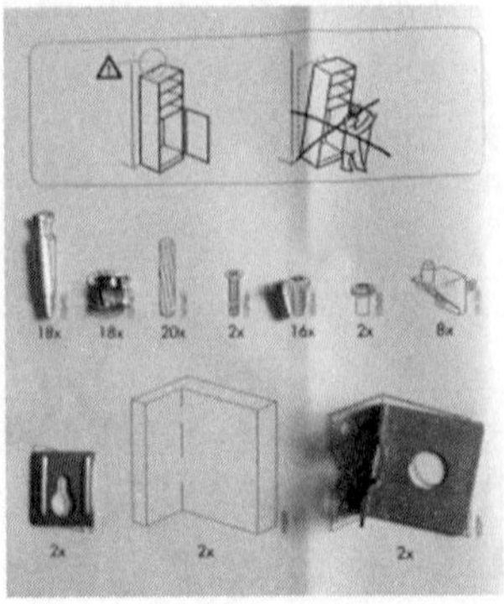

图 5–3　宜家说明书中真实大小零件

最后，宜家的说明书提前预示了一些容易犯错的组装环节，仍然用明晰的图示表达出来，为消费者提供指引。

此外，宜家还采用跨文化的命名法来给产品命名，而不是惯常的用功能来命名。比如，一款书架被命名为 Billy，并附上一串通用的 8 位数的序号。这样的命名方式也便于同一位消费者在全球各地找到同一款产品，而无须经过翻译。

在细节上的降耗努力绝不会白费，对于满足消费者的能耗最低要求大有裨益。我们再来看看“三只松鼠”又是如何做的[①]。

“三只松鼠”是目前中国销售规模最大的食品电商企业，以销售各种干果类的零食为主，其目标受众为“85 后”的年轻女性群体。

碧根果是“三只松鼠”的重点产品之一，但是碧根果外壳坚硬，很难剥

① 资料来源：http：//blog.sina.com.cn/s/blog_15150eb250102wa9l.html。

开，会给消费者带来很大的能耗困扰。传统的厂家为了解决这个问题，往往随产品附赠一个定制的铁钳子，以帮助消费者夹开碧根果。这个方法确实有助于降低食用时的能耗，但并不算彻底。因为使用铁钳子还会带来衍生能耗：一种情况是夹得太碎，变成了粉末状，无法食用；另一种情况是四处飞溅，后续还要费力打扫整理。为了解决这个问题，“三只松鼠”利用膨胀冷缩的原理在加工环节重新调整了生产工艺，使得流水线上出来的产品膨化度大大提升，冷却后自然剥离，消费者只需轻轻一剥，果壳当即脱落，非常方便食用。

碧根果外壳上有一些黑色的杂质，在食用过程中很容易将消费者的手弄脏弄黑。而消费者往往是在一些休闲场所吃碧根果的，为了不给消费者增加洗手的麻烦，“三只松鼠”特意在每个包装袋中增加了湿纸巾，便于消费者吃完后将脏手擦拭干净。

夏威夷果是“三只松鼠”的另外一个重要产品，它给消费者带来的能耗甚至比碧根果还要大。夏威夷果特别坚硬，必须用锤子才能砸开，但是谁能保证砸得恰到好处呢？“三只松鼠”为此专门在生产环节增加了一道工艺，将夏威夷果切割一道缝隙，同时在袋子中附赠一个小起子，用户只要拿出这个小起子，在那道缝隙中轻轻一撬动，整个夏威夷果立即裂开，非常方便食用。

为了解决这些干果吃后垃圾的后续处理问题，“三只松鼠”最初是附赠一个航空垃圾袋。但实践证明这并不是最好的降耗方式。后来，三只松鼠采用一种硬卡纸的巧妙设计，将纸叠起来就是一张卡片，展开后就成了一个立方体的小纸盒中。每次吃完的果壳可以轻松放到这个小纸盒中，最后一起倒掉。

“三只松鼠”这些细节上的优化，将消费者在享用产品时的能耗降至最低，带给了消费者极致的体验感，从而成就了品牌的能耗壁垒。

总之，在战略方向正确的大前提下，细节决定成败。我们一定要注重细节优化在系统降耗上的成效与作用。

顾客转移

消费者作为商业模式四要素中的“人”的一种，无疑也是能耗的承受者。如果能够巧妙地将系统能耗转移一部分到消费者身上，且不引起其反感，那也是非常有效的一种系统降耗策略。

在这方面，顾客的自助化是很常见的能耗转移方法。

一般认为，让顾客自助服务是麦当劳首创的。在麦当劳快餐店就餐，顾客自己端餐盘，吃完后再将垃圾倒入垃圾桶。这原本是餐厅服务员的职责。后来，这种方式被广泛应用到各行各业，比如加油站的自助加油、银行的 ATM 机自助存取款、宾馆饭店的自助餐，等等。现在，麦当劳的餐厅里又出现了可以自助点餐的触摸屏。

这些方式巧妙地将原本由商家承担能耗成本的很多动作，转嫁给了顾客。而顾客则因为获得了参与感，并在某种程度上更加便捷而乐此不疲，从而达到了系统降耗的目的。

顾客转移还可以采用动态定价的方式，利用不同情境下顾客消费心理的不同而最大限度地让消费者承担更大额度的价格能耗。

比如，优步根据实时的交通信息，在用车需求大于供给时，提高价格，鼓励更多司机出行；而在供给超过需求时，降低价格，鼓励更多用户叫车。[①]

2012 年，优步波士顿的研究人员从系统中看到，周五夜里到周六凌晨会出现大量未被满足的需求。究其原因，是因为很多出租车司机在周五晚上早早收工享受周末去了，但这一时段大量刚刚结束聚会的人正准备回家，导

① 资料来源：http：//business.sohu.com/20160523/n450906453.shtml。

致叫车需求剧增。于是，最不匹配的现象出现了：在用户最需要出租车的时候，司机却早就收工不干了。

为了解决这个问题，优步的研究人员采用了动态定价策略算法。当用户等待时间出现较为陡峭的上升趋势时，便会触发该算法。系统判定此时需求大于供给，从而自动提高溢价系数。这时候，急于回家的顾客愿意支付更高的价格（能耗敏感度下降，能耗耐受度提高），司机则被更大的收益吸引而放弃休息，加入供给的行列。随后，高于基准的价格吸引越来越多司机赶来时，就会出现供给超过需求的情况，于是算法重新调整，使得价格下降，最终以达到供需平衡的水平。这一过程循环往复，算法会依据供求两端实时数据动态调整。正如他们自己所说："溢价不是计划好的。"

优步依据供求动态平衡调整价格能耗，正是对经济学中最基本的供需理论的巧妙运用。但是，动态定价也需要有所限制，而不能完全由所谓的"市场之手"来加以平衡。因为，完全通过市场平衡，在两个极端不可避免会造成能耗过高而导致体验感受损。

比如，2013 年 12 月，纽约州出现了暴风雪。利用优步打车的需求直线上升，在算法的支配下，优步价格大涨，最高涨了 8 倍。急于回家的人们当时不得不支付了这个价格，但在事后却觉得受到了盘剥而发表了大量的负面评价。这也给我们一个提示，在向顾客转移能耗时，动态定价不能毫无约束，应该采用有限动态定价的方式，将能耗转移的幅度控制在一定的范围之内。

在实施顾客转移的时候，还可以巧妙借力，让顾客不知不觉地为系统降耗做出贡献。

百度联盟推出了一种新颖的验证码广告（如图 5–4 所示）。[①]

① 资料来源：http：//m.chinaz.com/news/2012/0712/262493.shtml。

图 5–4　百度联盟的验证码广告

用户在登录时填写验证码的过程中，会“仔细”地阅读验证码图片，然后按照提示问题，输入正确的信息完成验证。这是互联网数十年的发展培养出的一种用户习惯。用户习惯了的行为动作，是不会带来太大的能耗的。而且，填写验证码时，用户会集中注意力，这在注意力涣散的今天，是一个非常难得的广告推广的机会。据研究，整个过程平均耗时为 7 秒钟，验证码广告就是通过在 7 秒的时间里用户的高度关注与信息互动，使受众对验证码图片中的信息进行完整浏览与深刻记忆。

知名市场调研与数字媒体测评机构 comScore 对 43 个品牌广告主的验证码广告效果进行了调研，发现其品牌认知度、品牌关联记忆度、广告记忆度、品牌喜好度和购买意向这五项指标较普通广告有 8~16 倍的提升，其中广告记忆度达到了 67%。

这就是一个巧妙借力的过程，利用顾客的注意力来创造价值，从而可以起到能耗补偿的作用。

总之，顾客转移不仅仅将顾客视为低能耗的享受者，也将顾客视为可以分担能耗的对象，从而达到系统降耗的目的。

系统降耗六字真言

纵览技术创新、算法创新、模式创新、流程重构、联合补益、细节优化、顾客转移这七大降耗策略，我们可以发现，这些策略之间并不是绝对的泾渭分明，而是互为渗透、互作支撑的。这说明系统降耗确实是需要从系统层面做整体考量的。这是我们在具体实施系统降耗时，必须要加以注意的。

在七大降耗策略的基础上，我们再结合系统降耗的四项基本原则，可以总结出六个字，即：规避、转移、优化。

这六个字就是系统降耗的六字真言。在一个系统中，能量不可能凭空产生，也不可能凭空消失。我们要么规避、要么转移、要么优化，除此之外，别无选择。

06 能耗悖论

能耗悖论是指当某一产品或服务的综合能耗非常高的时候，消费者仍然愿意承担高能耗来获得这一产品或服务。这是因为消费者在情感性活动中所获得的情感价值对冲抵消了他所付出的超大能耗。当消费者基于“本我”的好奇心、基于“自我”的好胜心、基于“超我”的好善心被激发出来之后，能耗高就不在话下了，消费者会不惜代价地去追求“有意思”和“有意义”的满足。

在前面的章节中，我们一再强调，消费者总是偏好能耗更低的产品或服务，并给出了许许多多的例证。但凡事总有例外。在商业世界，我们也能看到很多明显不符合能耗最低法则的现象。

当苹果公司发售最新的 iPhone 手机时，在苹果的专卖店外面，人们为什么要早早排起长队，等着开门抢购，以至于苹果公司不得不给每位顾客设定了限购数量呢？

体型庞大、耗油量惊人的悍马 H1 Alpha SUV，转个弯得打出约 16 米的弯道来，这样的车明显不适合在都市里驾驶，为什么人们还是愿意支付 139 771 美元的高价去购买呢？

家是每个人最隐私的空间，别说是陌生人，就连好朋友也不一定能够完全开放。但为什么全球范围内会有 230 万人愿意把自己的家作为素不相识的旅行者的栖身之地，从而成就了 Airbnb 在共享经济领域的卓越地位呢？

这三个问题，分别对应的是时间能耗、价格能耗和安全能耗的居高不下，为什么人们还是愿意趋之若鹜，根本不在乎能耗的高企呢？

“三心二意”的秘密

上述疑问的存在，是不是证伪了“能耗理论”的正确性呢？

显然不是。这几个问题，我们可以归结为“能耗悖论”。

所谓“能耗悖论”是指一种例外的情形，即当某一产品或服务的综合能耗非常高的时候，消费者仍然愿意承担高能耗来获得这一产品或服务。

之所以会出现能耗悖论，是因为人类是一种充满感性的动物。当人们的内在情绪动机被激发出来后，其情感性活动也随之发生。在系统降耗的四项基本原则中，我们曾经特别强调，要尽可能减少人的非情感性活动。

人的非情感性活动是非常耗能的，这会导致人们远离未能将非情感性活动削减至最低的产品或服务。人的情感性活动同样是十分耗能的，但却会导致人们痴迷于撩拨出自己的情感性活动的产品或服务。其根本的原因在于：

消费者在情感性活动中所获得的情感价值对冲抵消了他所付出的超大能耗。

总的说来，能够激发消费者情感性活动的内在情绪动机有三种，分别是：

1. 好奇心；
2. 好胜心；
3. 好善心。

同时，消费者所能获得的情感价值有两类，分别是：

1. 有意思；
2. 有意义。

我们可以将其归纳为“三心二意”（详见表 6–1）。

表 6–1　　消费者的“三心二意”

情绪动机	情感价值
好奇心	有意思
好胜心	有意思、有意义
好善心	有意义

当消费者的“三心”被激发出来之后，能耗就不再是消费者内心衡量的标准了；相反，他们会不惜代价地去追求“二意”的满足。

基于人格结构的分析

我们可以用“三心二意”的框架来回答一下前述三个问题。

对于苹果 iPhone 手机的历史稍作了解就能知道，乔布斯于 2007 年 1 月 9 日推出的第一代手机并不完美，有诸多缺陷，比如，价格高昂、信号不好，影响通话质量；电池续航能力不足，还不能打开后盖更换电池。当时手机业的头号霸主是诺基亚。诺基亚手机质量过硬、功能齐全、续航能力超强，而且价格合理，具有很高的性价比。但是，半路出家、从来没有通信业经验的苹果公司却摧枯拉朽一般击败了诺基亚公司。

苹果手机之所以能够吸引众多消费者的关注及热爱，很大程度上是因为它的无键盘设计、触摸屏控制这些精妙创新的设计强烈激发了人们的好奇心。

好奇心是人类的一种本能。英国的专栏作家伊恩 • 莱斯利（Ian Lesile）甚至将好奇心称为“除了食物、性和庇护所之外的人类发展的第四驱动力”。

新奇好玩的东西会自动引发人们的好奇心，并驱动着人们克服阻碍，开始探索。也就是说，“有意思”的商品会引发消费者的“好奇心”，“好奇心”推动人们追求“有意思”的商品。

更进一步，从精神分析学开创者弗洛伊德的人格结构理论来看，好奇心在某种程度上对应的是消费者的“本我”（id）。

本我即原我，是指原始的自己，包含生存所需的基本欲望、冲动和生命力。本我是一切心理能量之源，本我按快乐原则行事，它不理会社会道德、外在的行为规范，它唯一的要求是获得快乐，避免痛苦，本我的目标乃是求得个体的舒适、生存及繁殖，它是无意识的，不被个体所觉察。

基于消费者的本我而形成的“好奇心经济”，是可以超越能耗考量的。因为本我的冲动属于无意识层面，而能耗考量有很大一部分是属于意识层面的（关于“好奇心经济”的详细论述，详见玩具思维三部曲《玩具思维》《玩家意识》《玩娱授权》）。

显而易见，悍马汽车对于主要在都市生活的消费者并不适用，但这恰恰是其价值所在。因为购买中看不中用的悍马，可以让消费者充分满足自己的好胜心。

好胜心是一个人的自我意识觉醒后，强烈渴望自己成为与众不同的个体，强烈渴望自己能够在群体中独领风骚的一种内在驱动力。好胜心追求的价值既含有“有意思”的成分，也含有“有意义”的成分。因为只有“有意思”的东西才能吸引群体的关注，进而通过竞争拥有这样的东西才会显得“有意义”。

在消费者的衡量中，悍马并不完全是汽车，而是一种身份与实力的象征。拥有了悍马，消费者获得的是炫耀感和优越感。这是一种无言的胜利，这是地位的凸显，从而也是必须不惜能耗加以争取的。

某种程度上，好胜心对应的是消费者的“自我”（ego）。

自我是自己可意识到的执行思考、感觉、判断或记忆的部分，自我的机能是寻求“本我”冲动得以满足，而同时保护整个机体不受伤害，它遵循的是“现实原则”，为本我服务。

显然，自我是一种自私的满足。那些购买悍马、LV、爱马仕、湾流飞机的消费者，就是为了突出自我相对于群体的巨大优势。拥有了这些具有符号价值的商品后，消费者就觉得实现了“自我”。

基于消费者的自我而形成的“好胜心经济”，是可以超越能耗考量的。因为消费者并非是孤独岛上的罗宾逊。他们意识层面的消费欲望，很大一部分会受到所在群体的影响。在消费竞争中获胜，出人头地，相对于其他领域反而是比较容易的。所以，消费者不惜能耗，也要满足自己的“好胜心”。

Airbnb 和优步一样，都是共享经济的旗帜性企业。近几年来，共享经济在全球范围内风起云涌。共享经济的核心本质是摆脱所有权的桎梏，对使用权进行分割，以满足更多人的需求。

很明显，共享经济是悖逆于人的自私本性的。人们往往宁愿闲置使用权，也不愿意让他人染指沾光。因为，共享就意味着个人私隐的部分曝光。这还会带来不安全的因素。但是，共享经济却打破了这种自私的限制。

Airbnb 自己没有一间房，却成了世界上最大的酒店；优步自己没有一辆车，却成了世界上最大的出租车公司。我们会乘坐陌生人的汽车（Lyft、Sidecar、优步），会欢迎陌生人居住在我们的闲置房子当中（Airbnb），会将我们的小狗寄养在陌生人家中（DogVacay、Rover），会在陌生人的家中共餐（Feastly）。我们允许陌生人租用我们的汽车（RelayRides、Getaround）、船艇（Boatbound）、屋子（HomeAway）和电动工具（Zilok）。我们信任素未谋面的人，愿意与之分享我们最重要的资产、我们的个人体验以及我们的生活。[①]

这个背后就是“好善心”的凝聚与推动。

所谓的“好善心”就是人们克服自身的自私，而乐于为世界、他人做出力所能及的贡献，以追求尽善尽美的人性升华。

某种程度上，好善心对应的是消费者的“超我”（super-ego）。

超我是人格结构中代表理想的部分，它是个体在成长过程中通过内化道德规范、内化社会及文化环境的价值观念而形成，其机能主要在监督、批判及管束自己的行为，超我的特点是追求完美，所以它与本我一样是非现实的，超我大部分也是无意识的，超我要求自我按社会可接受的方式去满足本我，它所遵循的是“道德原则”。

基于消费者的超我而形成的“好善心经济”，是可以超越能耗考量的。因为这是消费者愿意为自己的道德成长而支付的代价。道德是人类社会最高的价值取向，是最高的意义呈现。当道德成为人们的追求后，利益衡量就退居其次了。这就是为什么巴菲特、比尔·盖茨、扎克伯格心甘情愿将自己的巨额财富投向慈善领域的本质原因。而对于一般人来说，如果能够在完善自我道德修养的同时，还能心安理得地享受一些利益成果，自然是一种双赢的选择了。这就是共享经济日渐繁盛的本质原因。

总之，根据弗洛伊德的理论，“本我”代表欲望，受意识遏抑；“自我”负责处理现实世界的事情；“超我”是良知或内在的道德判断，这三个方面恰好与“好奇心”“好胜心”“好善心”一一对应，形成了超越能耗考量的内在驱动力（详见表 6–2）。

① 资料来源：http：//tech.163.com/14/0428/18/9QUJ082F000915BF.html。

表 6–2　　超越能耗的内在驱动力

人格结构	情绪动机	情感价值
本我	好奇心	有意思
自我	好胜心	有意思、有意义
超我	好善心	有意义

矛盾与统一

当我们从人格结构和情绪动机的层面上分析“能耗悖论”之后，就会发现，“能耗悖论”反而为我们赢得商业模式的最终胜利提供了“能耗竞争”之外的另一种竞争思路。

我们知道，源自人格结构的驱动力和情绪动机是无可抑制的力量。任何商业模式想要与之抗衡，都是徒劳无功的。与其对抗，不如顺应借势。

事实上，商业模式的“能耗战”是异常激烈的。当我们在常规的能耗战中无法战胜对手时，为什么不转换思路，转而采用激发消费者的“好奇心”“好胜心”和“好善心”呢？

这三者既可以分别激发，也可以联合激发。但不管如何，只要把消费者的“三心二意”激发出来了，能耗就不在话下了。

《口袋妖怪》（*Pokemon Go*）原本是老牌游戏公司任天堂的一款经典游戏，后来原属于谷歌公司的 Niantic 团队和任天堂合作开发，将《口袋妖怪》改造为手机游戏，一时在美国爆红，并广泛吸引了全球范围的玩家，甚至变成了一种社会现象①。

《口袋妖怪》最初只是在美国等少数几个国家上线，但增长势头却远超

① 资料来源：http：//tech.sina.com.cn/it/2016-07-17/doc-ifxuapvs8620082.shtml。

预期。在美国，这款游戏仅用了五个小时就登上了手机游戏排行榜首位，同时成为下载量最大的手机应用。仅仅一周之后，《口袋妖怪》的日活跃用户超过了 Twitter，用户停留时间甚至超过了 Facebook。《口袋妖怪》已经无可争议地成为首发最为成功的手机游戏。

这一游戏的特别之处在于，利用了增强现实技术（AR），将现实世界和虚拟精灵结合在一起，从而吸引玩家走出家门在周边收集宠物妖怪。在美国很多个城市街头，到处都可以看到拿着手机划屏的游戏玩家。由于玩家过于痴迷游戏，不仅导致意外事故的发生，甚至也让犯罪分子看到了机会，在游戏中的精灵站附近实施抢劫。旧金山等大城市的警方不得不专门发布声明，提醒玩家在玩游戏的时候注意周边情况，避免交通事故，提防犯罪分子。

让游戏玩家走出家门，到处寻找精灵，显然是一项高能耗的活动。但为什么这么多玩家依然趋之若鹜，乐此不疲，甚至浑然忘了危险呢？

显然，这是因为《口袋妖怪》成功地激发了玩家的好奇心以及好胜心。游戏中的精灵在现实场景出现是很有意思的。在游戏中获胜，也是很有意义的。正是这两者的结合，造成了《口袋妖怪》的爆红。

这是符合“能耗悖论”的。

同时我们也看到，增强现实技术也是功不可没，这一新技术与智能手机的摄像头以及 GPS 共同打造出了全新的《口袋妖怪》。这却是属于系统降耗七大策略中的“技术创新”。

我们还看到，任天堂公司在《口袋妖怪》的走红中所起的作用不可忽略。《口袋妖怪》是任天堂拥有的具有 20 年历史的超级经典 IP（知识产权），是全球游戏迷的共同回忆。自 1996 年登陆 Game Boy 掌机发售以来，《口袋妖怪》全系列游戏销量已经接近了 3 亿份，在电子游戏销量排行榜上高居第二。

2012 年，Niantic 团队曾经推出了另一款利用增强现实技术的手机游 Ingress。Ingress 虽然也赢得了一片好评，但推出数年之后在 Google Play 商店的下载量只有 1000 万次，还不到《口袋妖怪》三天的数据。

事实上，《口袋妖怪》中诸多令玩家欲罢不能的游戏要素都可以在 Ingress 上找到前身，但唯有 Niantic 团队与任天堂的合作才能取得如此巨大的成功。这就是属于系统降耗七大策略中的“联合补益”。

游戏的爆红带来了巨大的商业开发潜能，吸引诸多玩家聚集的精灵站成为了最好的商业合作机会。据报道，麦当劳即将成为游戏合作伙伴，成为游戏中的精灵站。打车应用 Lyft 也为游戏玩家提供了 15 美元的代金券。美国第四大运营商 T-Mobile 也宣布，用户玩《口袋妖怪》可以免除数据费用。

由此可见，能耗悖论与能耗理论不但不矛盾，反而可以走向有机的统一，共同支撑起商业模式的成功。

能耗悖论与能耗理论的矛盾与统一还可以体现在另外一个方面。

我们可以试想一下，如果 iPhone 手机仅仅是通过新奇好玩吸引了消费者，但在具体使用时却十分不方便，能不能取代诺基亚成为全球智能手机的霸主呢？

显然是不能的。

事实上，iPhone 手机在使用过程中的低能耗是出了名的，用户的体验感非常好。我们从这个例子中可以看到，能耗悖论所立基的“三心二意”可以在某个环节或某些环节，让用户的能耗敏感度下降、能耗耐受度提高；但是，在另一个环节或另一些环节，整个商业模式系统仍然要遵循能耗理论，尽可能地削减用户的综合能耗，才能确保成功及持续成功。

比如，Airbnb 最初只是打算配对租客和房东两方，然后让他们自行交易。

但后来，公司扩大了自己的经营范围，更多地参与到交易当中——处理所有的支付事宜、建立评价机制、聘请专业摄影师给房产拍照、提供平台供房东和租客沟通。这些措施，显然是为了帮助用户更加节省能耗。

2011 年 6 月，一名 Airbnb 房东发现她在旧金山的公寓遭到租客的洗劫，珠宝、硬盘、护照、信用卡等被盗走。这一事件导致 Airbnb 模式的安全能耗剧烈增加。

为了降低安全能耗，重新赢得用户信任，Airbnb 增加了一系列降耗措施，其中包括[①]：

1. 将客服人员数量增加一倍，以更及时地为用户解决问题；
2. 建立专门的信用安全部门；
3. 建立房东教育中心，面向房东提供安全建议；
4. 设计核实用户资料的加强型工具；
5. 优化订房前双方的沟通渠道，逐步推行网络电话和视频应用；
6. 为房东提供可选择的保险。

可见，能耗悖论虽然是能耗理论的例外情形，但两者既矛盾，又统一，完全可以联手，形成合力，以实现共同的商业目标。

① 资料来源：http：//www.leiphone.com/news/201406/airbnb-safty.html。

07 能耗分析应用

商业模式的能耗优化，并不是一项静止的工作，而是一个由识别（Recognize）、分析（Research）、矫正（Rectify）、完善（Refine）组成的不间断的4R循环过程。未来的商业竞争必将从价格战走向能耗战。未来商业战场上的胜利者，必然属于能耗战的胜利者。

至此，我们已经完成了能耗理论的全面构建。那么，商业模式的能耗分析可以应用于哪些方面呢？

不同身份类别的商业人士，都可以通过能耗分析中发现不可或缺的独特功用。

对创业者来说，通过能耗分析，可以找准顾客的痛点，并在此基础来提供解决方案来构建自己的商业模式，而无须盲人瞎马，依赖试错来确定创业的方向。

对投资者来说，通过能耗分析，可以准确判断创业项目的风险与前景，从而避免盲目投入，白白浪费自己的资金。

对经营者来说，通过能耗分析，可以全面削减内部的运营成本，可以准确洞察消费者需求的变化，可以有效构建能耗壁垒，有针对性地开展能耗攻击或能耗防御，从而让自己的公司得以基业长青。

此外，能耗分析也可以分为外向型分析和内向型分析。外向型能耗分析是针对顾客或竞争对手的，内向型能耗分析是针对企业内部流程的。

接下来，我们来做一些具体的阐述。

能耗测评表的应用

首先是针对顾客端进行能耗测评（详见表 7–1）。

表 7–1　　针对顾客端的能耗测评表

能耗分项	能耗量级					调整系数
	1	2	3	4	5	K
时间能耗						
空间能耗						
价格能耗						
学习能耗						
安全能耗						
关联能耗						

经营者、创业者、投资者均可以通过这张测评表对某一商业模式所对应的顾客端的综合能耗进行评测，并将自我认知与直接询问顾客交叉验证，增加理解的深度及正确度。然后根据本书第 2 章“能耗分析模型”所提供的方法，画出直观的综合能耗图，再加以深入分析比较。

不同的人会得出完全不同的分类能耗值或综合能耗值，这是非常正常的。同一个人在不同的情境下（不同的时间、地点以及其他因素）得出完全不同的分类能耗值或综合能耗值，这同样也是非常正常的。

这些不同之处一方面表明，每个被试主体对于能耗的认知是不一样的。另一方面，仔细比较这些不同，会带给我们更多有效的消费者洞察。

当然，我们也可以将员工视为内部顾客，来进行上述能耗分析，找出企业内部管理流程及细节上的高能耗点并加以完善或改正。

这一能耗评测是针对流程的（详见表 7–2）。

表 7-2 能耗测评表（流程）

		时间能耗	空间能耗	价格能耗	学习能耗	安全能耗	关联能耗
研发环节	1						
	2						
	3						
	4						
制造环节	1						
	2						
	3						
	4						
物流仓储环节	1						
	2						
	3						
	4						
营销环节	1						
	2						
	3						
	4						
顾客使用环节	1						
	2						
	3						
	4						
售后服务环节	1						
	2						
	3						
	4						

这张测评表针对的是企业的整个产业链的全流程，将其分为更为细化的细节，然后按照六类能耗逐一分析。表 7–2 中列出了研发、制造、物流仓储、营销、顾客使用、售后服务环节，但并不仅限于此，实际应用时可视具体情况予以灵活的增删。

针对流程的能耗分析，意在降低各个环节的能耗，以求取得整个系统的能耗平衡。

京东商城把用户体验放在了至高无上的地位，它们是如何做到的呢？我们又该如何模仿优化呢？

在京东商城“人事管理的八项规定”中，有一条重要的原则叫作“No 原则”，即在两种情况下不能说“No”。[①]

其中一种情况是，所有有利于用户体验提升的，任何人不能说“No”。只要有一个部门提出希望这几个部门配合自己做某件关乎用户体验的事情，任何人、任何部门都不能说“No”。

刘强东认为：

从整个零售业来看，电子商务企业的用户体验其实是最难做的。物流对用户体验的影响要占到 70% 左右。要决定在什么时间配送，以及用什么样的卡车，是 13.6 米的、14.2 米的，还是 18.7 米的，甚至要停到哪一个仓库的哪一个大门，系统都需要做出明确的规定，因为我们一个库房有十几个大门，选择错了很可能就会浪费配送时间，降低配送效率。要是仔细核算从用户下单到最后交易真正完成，包括退换货完成，我们大概有 34 个大的节点，100 多个具体流程动作。这里面任何一个动作出现问题，都会影响到用户体验。

① 资料来源：http：//www.1cnmedia.com/qyj/push/20844.html。

京东商城对物流环节 34 个大的节点、100 多个具体流程动作的要求，其他企业完全可以通过对表 7–2 的分析，得知符合自身企业实际状况的改善优化方向。

另外，本书第 5 章“系统降耗：原则与策略”中论及的“三只松鼠”案例，可以作为顾客使用环节的能耗分析的样本，在此不再赘述。

中国工厂的 151 种浪费

一名来自德国著名企业的生产总监，从 2008 年起为三家中国企业提供了服务。在他的工作笔记中，记录下了中国工厂里普遍存在的多达 151 种浪费行为。这是非常让人痛心的事情。我甚至看到了“如果中国企业能够减少浪费，利润立即可以增加一倍”这样的评论。

用能耗理论的视角去看，这位德国总监所列的浪费行为，其实都是系统降耗的对象。也就是说，我们完全可以用本书的理念和方法，去解决这些问题。

为了便于读者了解，我们特意挑选了一部分有代表性的，以作反面的参考。①

1. 缺乏适当的计划，使生产人员在调换规格时产生等待或停工待料；
2. 未能确实督导工具、材料、小装置等放置于固定的处所；
3. 未检视每一项工作是否供给合适的工具与配件；
4. 纵容员工养成聊天、擅离工作岗位、浪费时间的坏习惯；
5. 疏于查问与改正员工临时旷职及请假的原因；
6. 需要修理时未立即查明原因；
7. 未能鼓励员工多提建议；

① 资料来源：http：//www.managershare.com/post/163092。

8. 在各种问题上不能广泛听取部属的意见；
9. 因督导不良，造成材料的浪费；
10. 对新人指导不够；
11. 指派新工作时未充分指导；
12. 未对每一工序检查材料使用情形；
13. 未让部属了解材料或供应品的价值；
14. 纵容不恰当的物料搬运；
15. 申领太多材料，多余部分未办理退料；
16. 未请领正确的材料，导致用错材料；
17. 未检查材料是否排列整齐、正确放置；
18. 未能检查蒸汽、水、气体、电和压缩空气等管路电线之裂开破损；
19. 纵容部属因私使用油、压缩空气、小工具、化学药品等；
20. 缺乏有效系统防止材料外流、避免损失或被偷；
21. 可再利用的材料被当作废料处理；
22. 纵容浪费或滥用扫把、文具、油布、灯泡、水管等供应品；
23. 缺乏工作计划，使所有可用的机器未获得充分且适合的利用；
24. 未定期检查绳、皮带、链条、输送带、润滑系统等；
25. 杀鸡用牛刀，小工作用大机械；
26. 没有告知新人工厂生活情况与规划，如安全、发薪日期、厕所、饮用水、浴室等；
27. 照明不足，形成黑点、死角；
28. 未彻底执行定期（每日、每周、每月）清理项目，以永久保持。

根据六维度的能耗分析模式，上述这些流程中的细节均能找到对应的分类。我们确实应该在实践中对照参考，予以去除。

能耗分析 4R 循环

企业始终处于竞争之中，消费者的主体意识日益强烈，新技术的开发与应用层出不穷，这就决定了商业模式的能耗优化，这并非一项静止的工作，而是一个不间断的循环过程。为此，我们梳理出了能耗分析的 4R 循环过程（如图 7–1 所示）。

1. Recognize（识别），即根据六维度因子辨别出整个商业模式中存在的高能耗点。

2. Research（分析），即对这些高能耗点展开深入的细节分析，找到症结所在。

3. Rectify（矫正），即通过各种措施来矫正、去除高能耗点。

4. Refine（完善），即观察矫正的结果，及时查漏补缺，以备完善。

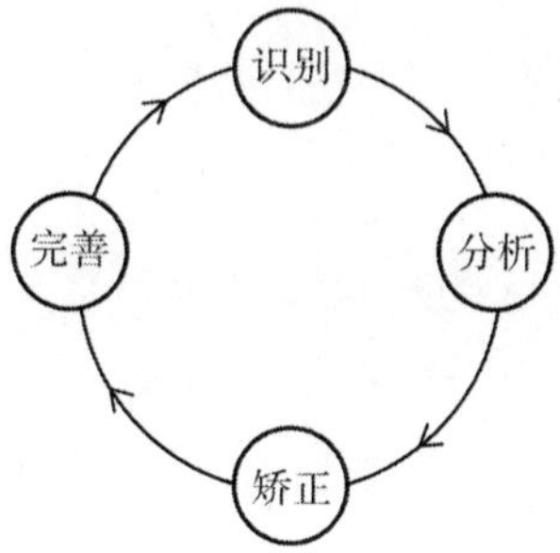

图 7–1　能耗分析的 4R 循环过程

图 7–1 中这四个“R”构成了一个封闭的体系，循环往复，不断精进，力求将系统能耗降至最低，以赢得商业模式的成功和持续成功。

永无止境的能耗游戏

整个宇宙的一切事物都由能量组成，一个物种能否存活的本质取决于它对能量的最优使用，商业模式亦然。

我们用一本书的篇幅详细论证了“能耗论”的这一核心理念。

在时间跨度上，我们一直从400多年前的东印度公司的远渡重洋开始追溯，一直到移动互联网商业应用层出不穷的当下。我们确实看到，商业一直是向着节能化的方向演进的。

不过，在前互联网时代，一直掌握着市场权力、作为商业主导者的企业或商家的演进动力却并不大。因为消费者缺乏话语权，在很大程度上只能任由企业摆布。但是，互联网的繁盛充分赋予了个体消费者以权力，并且为这些个体的聚合提供了最为方便快捷的渠道。于是，情势逆转，曾经唯命是从的消费者终于翻身当了主人，他们变得更加挑剔、更加感性、更加善变、更加急不可耐、更加不好伺候，这就迫使企业必须拿着百倍的精神来精心呵护主人的需求，能耗竞争随之变得无比惨烈。

能耗最低法则、能耗平衡法则作为能量最优化使用的最直接体现，也必然成为当下以及今后数十年企业必须遵循的商业铁律。

趋势是一种无可抵挡的力量；能耗革命也是一个永无止境的进程。如果我们能够利用本书所架构的“能耗论”对商业模式加以预判、加以矫正、加以完善，我们就能在很大程度上拯救巨大资金的浪费，拯救巨大人类智慧的浪费。

未来商业游戏的胜利者，必然属于能耗战的胜利者。

愿所有信奉并践行商业让世界更美好的人们携手同行，在永不间断的能耗游戏中，留下自己的奋斗足迹。

后 记

写这本书的念头起于 2015 年 9 月。当时，我应邀参加在上海举行的中国 O2O 践行峰会，在会上要做一个演讲。会前几天的一个下午，我在东海创意中心的办公室里闲坐，若即若离地想着发言主题。本书的核心理念——能耗平衡理论以及六维度能耗分析模型在不经意间就浮现在脑海中。同时，将这个理念写成一本书的想法也随之生发。

当时，正值 O2O 浪潮席卷全球的巅峰期，无数的风险投资、无数的创业者疯狂涌入这个领域，似乎改变这个世界就在朝夕之间。但是，当我从能耗平衡的角度来分析研判，却清晰地看到完全不一样的景象。

我把这些思考作为峰会的发言主旨。峰会之后，我将相关内容系统整理后，写成了《O2O 能耗平衡论》刊发在《中欧商业评论》2016 年 1 月刊上。

这一篇文章用精练的方式阐述了能耗平衡理论的核心观点。在随后的深化思考中，我再次领悟到，能耗平衡理论并不仅限于对 O2O 模式的分析，而是适用于所有的商业模式！

这一领悟更增添了我尽快完成本书的动力，但是我没有想到的是，这本书的写作竟然横跨了整个 2016 年，直至 2017 年的春节期间才最终完成。

2016 年，资本寒冬来临，曾喧嚣一时的 O2O 转眼间哀鸿遍野。这非但没有影响能耗平衡理论的立论基础，反而是最具现实意义的支撑案例。影响写作进度的是我自己的生活再一次发生了重大的变化。这一年，整个世界跌宕起伏，变数横生，我也是经历颇丰，能耗巨大，这直接拉慢了写作进度，却让我的思想发生了深刻的变化。对我来说，这一年也许是具有分水岭意义的一年。所以，我把最终完成的这本书献给我的 2016 年。

我在写作的过程中又发现，本书的理念缘起其实并不是在 2015 年 9 月，而是更早。我在《商界评论》2015 年 3 月刊上发表的《顾客消费习惯迁移的“节能模式”》，就是从另一个角度阐述了能耗理念。

还可以追溯到更早：

1. 在写于 2008 年 11 月的《顾客迁移：2.0 时代传统企业的战略趋势》一文中，我提出了“想实现成功的诱导式顾客迁移，要有三便：第一是便宜；第二是便捷；第三是简便”；

2. 在写于 2008 年 12 月的《成本考量：2.0 时代长尾战略的成功要素》一文中，我提出了成本转移、成本共享、成本补偿等三种削减成本的方法；

3. 在写于 2009 年 5 月的《电商选址：B2C/C2C 的盈利关键》一文中，我提出了“集散地 / 原产地效应”“只有选址在距离商品集散地或原产地较近的网店才更有可能在价格上占据优势”，这些观点在刚刚成为新热点的新零售时代依然适用。

在这些文章里，很容易就能发现本书核心思想在近几年来的持续思考中的演进脉络。当然，如果要追溯得更深更远，那么，中国传统智慧以及西方科学理论对我的滋养之益也是功不可没的。这一点，我已经在前言中充分阐述了。

原来，一切的变化都是早有痕迹的，一切的呈现都是早有痕迹的。

人生这本大书其实也是一样，并非在一朝一夕间完成的。我们今天所面对的呈现，源自我们昨天在生活中留下的痕迹，我们在今天的生活中留下的痕迹，将酝酿着明天的变化。

我们应该着重想一想，如何优化自己的生命能量，为未来留下什么样的痕迹？

图书在版编目（CIP）数据

能耗游戏：从价格战到能耗战的商业未来 / 陈禹安著 . -- 北京：中国人民大学出版社，2018.3

ISBN 978-7-300-25583-5

Ⅰ．①能… Ⅱ．①陈… Ⅲ．①节能—商业模式—研究 Ⅳ．① F71

中国版本图书馆 CIP 数据核字（2018）第 030190 号

能耗游戏：从价格战到能耗战的商业未来

陈禹安　著

Nenghao Youxi：Cong Jiagezhan Dao Nenghaozhan de Shangye Weilai

出版发行　中国人民大学出版社

社　　址　北京中关村大街 31 号　　**邮政编码**　100080

电　　话　010-62511242（总编室）　010-62511770（质管部）

010-82501766（邮购部）　010-62514148（门市部）

010-62515195（发行公司）　010-62515275（盗版举报）

网　　址　http：//www.crup.com.cn

http：//www.ttrnet.com（人大教研网）

经　　销　新华书店

印　　刷　北京联兴盛业印刷股份有限公司

规　　格　170mm×230mm　16 开本　　**版　次**　2018 年 3 月第 1 版

印　　张　16　插页 2　　**印　次**　2018 年 3 月第 1 次印刷

字　　数　190 000　　**定　价**　79.00 元